어린이가 진짜로 궁금했던
한국사 이야기

초등학생
한국사
궁금증
100

정재은 지음
대학에서 역사를 공부하고 처음으로 어린이 역사책을 썼어요. 어린이들과 함께 다양한 분야의 지식을 쉽게 이야기하고 싶어서, 과학, 수학, 역사 등 다양한 어린이 책을 쓰고 있어요. 〈초등학생 과학 궁금증 100〉, 〈우리는 고사성어 탐정단〉, 〈수학 유령의 미스터리 수학〉 시리즈, 〈정재승의 인간 탐구보고서〉 시리즈 등이 있어요.

유남영 그림
공주대학교 만화예술과를 졸업하고 캐릭터 디자이너와 일러스트레이터로 활동하고 있어요. 그린 책으로는 〈에그박사의 닮은꼴 사파리〉, 〈에그박사의 역대급 사파리〉, 〈TV생물도감의 신비한 바다 생물〉, 〈TV생물도감의 유별난 곤충 세계〉, 〈둥글둥글 지구촌 환경 이야기〉, 〈고래가 삼킨 플라스틱〉, 〈첫걸음 한국사 시리즈〉 등이 있어요.

어린이가 진짜로 궁금했던 한국사이야기
초등학생 한국사 궁금증 100

지은이 정재은 | 그린이 유남영
펴낸이 정규도 | 펴낸곳 (주)다락원

초판 1쇄 발행 2024년 8월 30일

편집 김가람
디자인 조성미

다락원

주소 경기도 파주시 문발로 211
내용문의 (02)736-2031 내선 270
구입문의 (02)736-2031 내선 250~252
Fax (02)732-2037
출판등록 1977년 9월 16일 제406-2008-000007호

Copyright © 2024, 정재은

저자 및 출판사의 허락 없이 이 책의 일부 또는 전부를 무단 복제·전재·발췌할 수 없습니다. 구입 후 철회는 회사 내규에 부합하는 경우에 가능하므로 구입문의처에 문의하시기 바랍니다. 분실·파손 등에 따른 소비자 피해에 대해서는 공정거래위원회에서 고시한 소비자 분쟁 해결 기준에 따라 보상 가능합니다. 잘못된 책은 바꿔 드립니다.

ISBN 978-89-277-4803-8 73910

http://www.darakwon.co.kr
다락원 홈페이지를 통해 인터넷 주문을 하시면 자세한 정보와 함께 다양한 혜택을 받으실 수 있습니다.

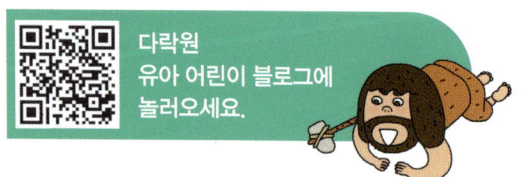

어린이가 진짜로 궁금했던 한국사 이야기

초등학생 한국사 궁금증 100

정재은 지음 | 유남영 그림

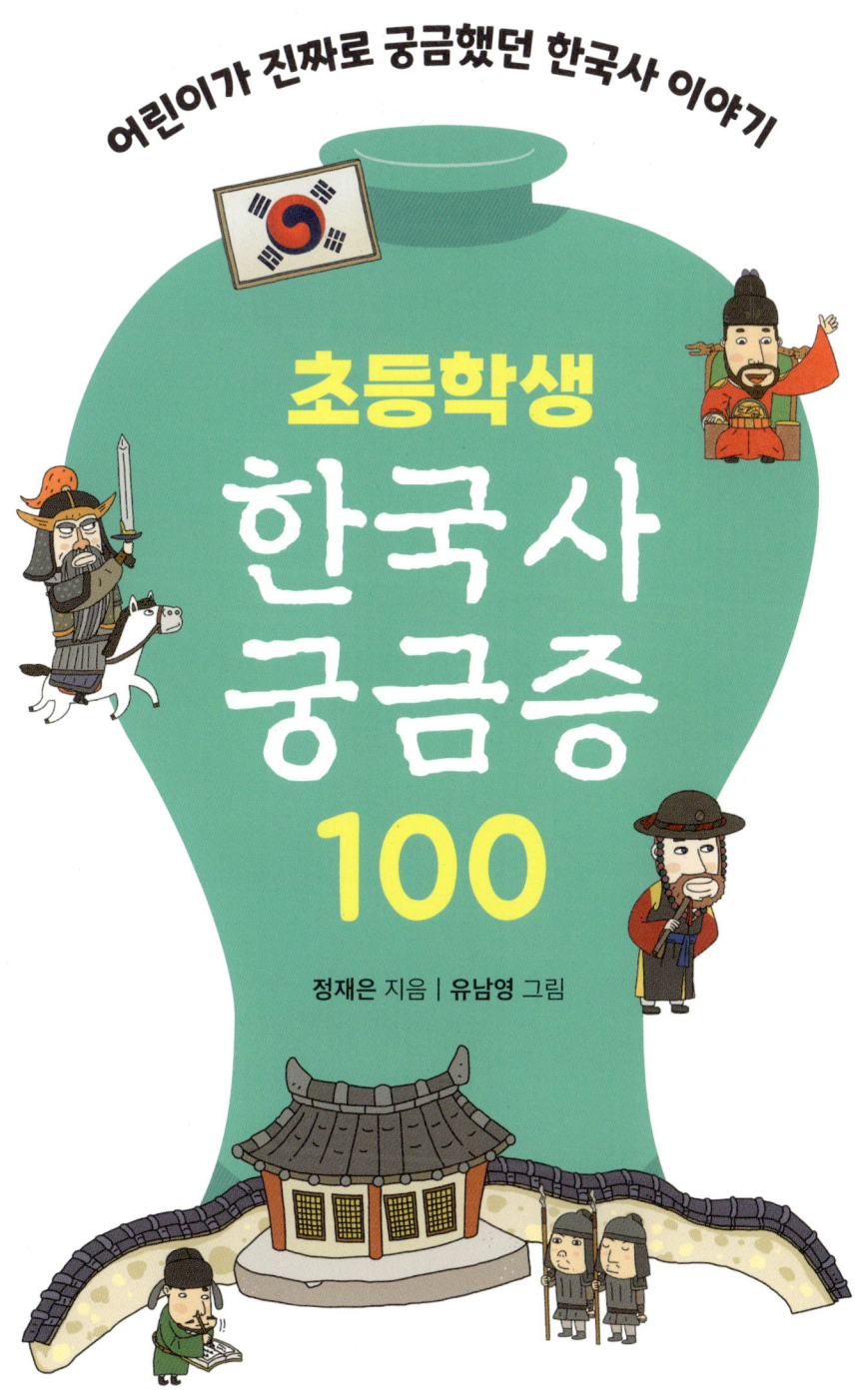

다락원

역사는 과거에 살던 사람들의 이야기야.

집집마다 우리가 주인공인 역사책이 한 권쯤 있을걸?

우리가 쓴 일기장이나 엄마가 쓴 다이어리가

미래의 역사책이거든.

천 년쯤 지나면 2020년대 사람들의 생활을 보여주는 기록으로

박물관에 전시될지도 몰라.

미래의 아이들은 우리 일기장을 보고

역사를 재미있다고 생각할까, 어려워할까?

우리나라 역사는 우리나라 사람들이 살아온 이야기야.

고조선이 세워진 것이 약 5000년 전이니

지금까지의 긴 시간 동안 엄청 많은 일이 있었겠지?

어때? 현재를 사는 너는 우리나라의 역사가 재미있니, 어렵니?

낯설거나 어려울 수 있지만,

그래도 신기하고 흥미로웠으면 좋겠어.

억울하고 기분 나쁜 역사도 있지만 그것도 기억하면 좋겠어.

<초등학생 한국사 궁금증 100>에 담긴 우리 이야기를

하루에 한 쪽씩 읽으며, 과거의 역사를 거울삼아

미래의 아이들에게 자신 있게 보여 줄

근사한 새 역사를 만들어 갔으면 좋겠어.

2024 여름

정재은

차례

선사 시대

- **001** 우리나라에는 언제부터 사람이 살았을까? — 12
- **002** 원시인들은 무엇으로 도구를 만들었을까? — 13
- **003** 우리는 언제부터 쌀밥을 먹었을까? — 14
- **004** 옛날에는 아무나 거울을 쓸 수 없었다고? — 16
- **005** 최초의 우리나라 고조선은 누가 세웠을까? — 17

- **006** 단군왕검은 정말 곰의 아들일까? — 18
- **007** 도둑질을 하면 노비가 됐다고? — 19
- **008** 고조선은 왜 멸망했을까? — 20
- **009** 고조선 다음에는 어떤 나라들이 있었을까? — 21
- **010** 부여에서는 소와 돼지가 관리였다고? — 22

삼국 시대

- **011** 고구려, 백제, 신라는 어떻게 만들어졌을까? — 23
- **012** 고구려의 왕자들은 왜 고구려를 떠났을까? — 24
- **013** 신라는 세 집안이 돌아가면서 왕이 되었다고? — 25
- **014** 우리나라 최고의 정복 왕은 누굴까? — 26
- **015** 고구려의 신랑은 신부의 집에서 살아야 했다고? — 28
- **016** 가야는 왜 삼국 시대에서 빠졌을까? — 29
- **017** 가야는 보잘것없는 작은 나라였을까? — 30

018	백제에는 박사가 매우 많았다고?	31
019	신라의 이차돈은 왜 흰 피를 흘리며 죽었을까?	32
020	신라에서는 신분에 따라 밥그릇 종류도 달랐다고?	34
021	왜 신라에만 여왕이 있었을까?	35
022	고구려가 백만 대군을 물리친 비법은?	36
023	신라에 있었던 꽃미남 모임?	38
024	진흥왕이 산꼭대기에 비석을 세운 까닭은?	39
025	백제는 왜 수도를 여러 번 옮겼을까?	40
026	신라와 백제가 서로 힘을 합친 이유는?	41
027	신라 왕의 금관은 죽어야만 쓸 수 있다고?	42
028	딸의 복수를 위해 백제를 침공한 왕이 있다고?	43
029	계백 장군은 왜 가족을 죽여야 했을까?	44
030	강했던 고구려는 어쩌다 멸망했을까?	45
031	신라의 삼국 통일에 앞장선 김유신의 비밀은?	46

032	남북국 시대의 남북국은 어느 나라일까?	47
033	바닷속에 왕의 무덤이 숨어 있다고?	48
034	신라의 왕릉에서 발견된 유리구슬의 비밀은?	49

035	원효대사가 해골 물을 먹고 보인 반응은?	50
036	장보고가 해적을 잡기로 결심한 이유는?	51
037	발해를 왜 해동성국이라 불렀을까?	52
038	해외에서 인기가 많았던 발해의 동물은?	53
039	후삼국은 삼국과 무엇이 다를까?	54

고려 시대

040	왕건은 어떻게 후삼국을 통일하고 고려를 세웠을까?	55
041	왕건은 정말 부인이 스물아홉 명이었을까?	56
042	고려에서는 조상을 잘 두면 벼슬을 얻었다고?	57
043	말 한마디로 거란을 물리친 사람은?	58
044	고려 사람들은 정말 불교만 믿었을까?	59
045	우리나라의 영어 이름 코리아가 고려라고?	60
046	고려의 궁궐에는 다방이 있었다고?	61
047	고려에는 어떤 축제가 있었을까?	62
048	고려에서는 딸과 아들을 차별하지 않았다고?	64
049	고려의 수도를 두고 일어난 싸움?	65
050	고려의 내시는 우리가 아는 내시가 아니라고?	66
051	고려의 무신들은 왜 문신들을 죽였을까?	67

052	왕을 네 번이나 갈아 치운 무신이 있다고?	68
053	고려의 노비는 왜 봉기를 일으켰을까?	69
054	고려는 왜 강화도로 수도를 옮겼을까?	70
055	고려는 왜 전쟁 중에 팔만대장경을 만들었을까?	71
056	삼국사기와 삼국유사는 무엇이 다를까?	72
057	고려의 왕은 왜 원나라 공주와 결혼했을까?	73
058	고려 말에 유행하는 원나라의 풍속은?	74
059	공민왕의 개혁정치는 성공했을까?	76

060	이성계는 왜 조선을 세웠을까?	77
061	한양에는 궁궐이 다섯 곳이나 있다고?	78
062	조선 시대에도 만우절이 있었다고?	79
063	조선 시대에도 신분증이 있었을까?	80
064	두 번이나 유배를 간 골칫덩이 동물은?	81
065	한글의 원래 이름은 한글이 아니라고?	82
066	조선에도 소방서가 있었다고?	83
067	세종대왕은 자기 이름이 세종인 걸 모른다고?	84
068	성종이 신하에게 후추를 선물한 까닭은?	85

069	과거 시험에 아홉 번 장원급제한 조선 시대의 천재는?	86
070	조선 시대 왕의 하루는 어땠을까?	87
071	임금을 늘 따라다니던 파파라치 신하?	88
072	조선에는 인기 많은 도둑이 있었다고?	89
073	마패는 암행어사만 가졌던 게 아니라고?	90
074	벌레 먹은 나뭇잎 때문에 죽은 신하는?	91
075	임진왜란에서 조선을 구한 영웅은?	92
076	조선 백성이 된 최초의 서양인은?	94
077	홍길동이 아버지를 아버지라 부르지 못한 까닭은?	95
078	무려 472년 동안 쓴 책이 있다고?	96
079	죽어서도 세금을 내야 했다고?	97
080	조선에는 가발 금지법이 있었다고?	98
081	조선에서는 어떤 화폐를 썼을까?	99
082	수원 화성을 2년 9개월 만에 완공한 비결은?	100
083	조선의 의궤는 왜 프랑스에 있을까?	101
084	고종이 태극기를 만든 이유는?	102
085	한국 최초의 야구단은?	103
086	고종이 곤룡포에서 양복으로 갈아입은 이유는?	104

대한민국

087	3·1 운동은 왜 3월 1일에 일어났을까?	105
088	대한민국의 생일은 언제일까?	106
089	의사와 열사는 무엇이 다를까?	107
090	어린이날은 누가 만들었을까?	108
091	올림픽 금메달을 따고도 슬퍼한 운동선수는?	109
092	독도의 날은 왜 생겼을까?	110
093	옛날 어린이들은 초등학교에 다니지 않았다고?	112
094	튀르키예를 왜 형제의 나라라고 할까?	113
095	초등학생들이 4·19혁명에 참여한 까닭은?	114
096	엄마, 아빠는 토요일에도 학교에 갔다고?	115
097	경찰은 왜 가위와 줄자를 들고 거리를 돌아다녔을까?	116
098	500마리의 소 떼가 북한으로 간 까닭은?	117
099	우리나라에도 노벨상 수상자가 있을까?	118
100	대한민국의 광장을 보고 전 세계가 놀란 이유는?	119

선사 시대 001 — 우리나라에는 언제부터 사람이 살았을까?

지구에 사람이 살기 시작한 때는 약 400만 년에서 700만 년 전이야. 최초의 사람은 아프리카에서 살았는데, 차츰 진화를 거치며 전 세계로 퍼져 나갔어. 그럼 우리가 사는 한반도에는 언제부터 사람이 살았을까?

무려 약 70만 년 전부터야! 어마어마하지? 지금의 한반도와 그 주변에 살던 사람들은 가족 단위로 무리를 짓고 먹을 것을 찾아 여기저기 옮겨 다니며 살았어. 밤에는 사나운 동물을 피해 동굴에서 자고, 낮에는 나무 열매나 나무뿌리 등을 찾아 먹었지. 돌로 만든 무기를 들고 여럿이 힘을 합쳐, 큰 동물을 사냥하기도 했어. 이 시기를 바로 **구석기 시대**라고 해.

> 지금도 우리나라 곳곳에는 구석기 시대의 사람들이 살았던 동굴이 있어. 청주에 있는 한 동굴에서는 구석기 시대 아이로 보이는 유골이 발견되기도 했어. 나이는 4~6살로 추정하고 있어.

충청북도 청주시 흥수 동굴에서 발견된 흥수아이

원시인들은 무엇으로 도구를 만들었을까?

선사 시대의 원시인들은 자연에서 찾은 여러 가지 재료들로 도구를 만들었어. 원시인들은 무엇으로 도구를 만들었을까?

돌, 청동, 그리고 철로 만들었어.
돌로 도구를 만들어 쓰던 때는 **석기 시대**, 청동으로 도구를 만들던 때는 **청동기 시대**, 철로 만든 도구를 사용할 때부터는 **철기 시대**라고 불러.

석기 시대는 돌을 다듬는 방법에 따라 다시 구석기 시대와 신석기 시대로 나눠.

구석기 시대
돌을 깨뜨려 떼어 내서 만든 뗀석기를 썼어. 날카로운 것이 특징이야.

신석기 시대
돌의 끝을 갈아서 만든 간석기를 썼어. 뗀석기보다 다듬어지고, 좀 더 섬세한 모양으로 만들었어.

철기 시대
강하고 단단한 철로 농기구와 무기 등을 만들었어. 덕분에 농업 생산량이 늘고 전쟁에서도 유리했어.

청동기 시대
구리에 다른 금속을 섞어 청동기를 만들었어.

우리는 언제부터 쌀밥을 먹었을까?

'한국인은 밥심으로 산다'는 말, 한 번쯤 들어 봤지? 그만큼 쌀밥은 우리 밥상에서 빠질 수 없는 주식이야. 그렇다면 우리는 언제부터 쌀밥을 먹기 시작했을까?

농사는 약 1만 년 전 신석기 시대에 시작되었어. **신석기 시대**에는 주로 조, 피, 기장, 수수와 같은 곡식을 키웠어. 하지만 쌀밥은 그로부터 한참 뒤인 청동기 시대부터 먹었어.

신석기 시대

- 신석기 시대의 움집은 바닥을 깊이 파서 움을 만들었어.
- 동물의 털이나 식물 줄기로 실을 짜서 제대로 된 옷을 만들어 입었어.
- 지붕은 나뭇잎이나 짚 같은 식물로 덮었어.
- 빗살무늬 토기에 곡식을 담았어.
- 집 안에 화덕을 만들어 불을 피웠어.

14

신석기 시대 사람들은 농사를 짓게 되면서부터 더는 먹을 것을 찾아 돌아다니지 않았어. 한곳에 머물며 마을을 이루어 살았지. 움집을 짓고, 개와 돼지 등 가축도 길렀어. 곡식을 담기 위해 흙으로 그릇도 빚었어.

청동기 시대에는 벼농사를 짓기 시작했어. 하지만 쌀은 귀해서 지배자와 부자들만 쌀밥을 먹었어. 보통 사람들은 조, 수수 등 잡곡을 먹었지.

청동기 시대

열매를 발효시켜 술을 담가 먹었어.

곡식을 갈아서 시루에 쪄서 떡을 해 먹었어.

신석기 시대보다 집도 커지고 마을도 커졌어.

채소를 소금에 절여 먹었어.

청동기 시대에는 움을 얕게 파서 반움집을 지었어.

옛날에는 아무나 거울을 쓸 수 없었다고?

청동기 시대에는 청동으로 칼과 같은 무기와 방울 같은 멋진 장신구를 만들었어. 청동 거울도 그중 하나였지. 그런데 청동기 시대에는 지금처럼 누구나 거울을 사용할 수는 없었어. 왜일까?

청동은 원래 반짝거리는 금빛인데 녹이 슬면 녹색으로 변해!

청동기 시대에도 대부분의 사람들은 돌로 만든 석기를 사용했어. 청동의 재료인 금속은 구하기 힘들고, 물건으로 만들기도 어려웠거든. 당연히 청동으로 만든 물건도 무척 귀했겠지? 그래서 지배자들만 사용한 거야.

청동기 시대의 지배자를 '**족장**'이라고 해. '부족을 다스리는 우두머리'라는 뜻이지. 무리 중에서 재산이 많고, 힘이 세고, 경험이 많은 사람이 족장이 되었어.

족장은 마을을 다스리고, 다른 부족과 전쟁을 벌여 땅을 빼앗았어. 또한 하늘에 제사를 지내는 일도 맡았어. 번쩍이는 청동 거울과 청동 검을 들고, 하늘에 소원을 빌었지. 청동 거울은 얼굴을 비추는 용도가 아니라 족장의 위엄을 보여주는 물건이었다는 사실!

최초의 우리나라 고조선은 누가 세웠을까?

청동기 시대에는 전쟁이 흔했어. 힘이 센 족장은 다른 부족의 땅과 사람들을 빼앗아 나라를 세웠어. 우리 민족의 첫 번째 나라인 고조선도 그렇게 탄생했어.
그렇다면 고조선은 누가 세웠을까?

고조선은 단군왕검이 세웠어. 이것과 관련해서 아주 신비로운 이야기가 전해져.

옛날에 하늘의 신인 환인의 아들 '환웅'이 구름, 바람, 비의 신을 데리고 내려와 사람들을 다스렸어.

어느 날, 곰과 호랑이가 환웅을 찾아와 사람이 되게 해 달라고 빌었어. 환웅은 100일 동안 동굴에서 쑥과 마늘만 먹으면 사람이 되게 해 주겠다고 약속했지. 호랑이는 중간에 뛰쳐나갔지만 곰은 수행을 마치고 마침내 사람이 되었어.

곰은 웅녀라는 이름을 얻고, 환웅과 결혼하여 아들을 낳았어. 이 아들이 바로 **단군왕검**이야.

단군왕검은 훗날 고조선을 세우고 1500년 동안 다스렸어. 나중에는 산신이 되었는데, 그때 나이가 무려 1908세였대!

단군왕검은 정말 곰의 아들일까?

앞에서 고조선을 세운 단군왕검은 환웅과 웅녀의 아들이라고 말했지. 웅녀는 원래 곰이었고 말이야. 그러면 단군왕검이 곰의 아들이니까, 우리는 곰의 자손일까?

단군왕검 이야기는 <삼국유사>라는 역사책에 실려 있는 고조선의 건국 신화야. **신화**란 역사적 사실을 바탕으로 신성하게 부풀려 지은 이야기야. 단군왕검 신화는 지어낸 이야기지만 많은 부분이 역사적 사실과 연결되어 있어.

하늘에서 내려온 환웅 = 청동기를 가진 다른 부족이 이동해 왔다.

곰과 호랑이 = 곰을 숭배하는 부족과 호랑이를 숭배하는 부족

환웅은 웅녀와 결혼하여 단군왕검을 낳았다. = 새로 온 부족은 곰을 숭배하는 부족과 한 편이 되었고, 단군왕검이 그들의 지배자가 되었다.

도둑질을 하면 노비가 됐다고?

고조선은 청동기 시대에 세워져 철기 시대까지 이어졌어. 이때부터 사람들은 개인 재산을 가지기 시작했어. 그러자 남의 물건을 훔치는 도둑도 생겨났어. 고조선 시대에 도둑은 어떤 벌을 받았을까?

고조선에서는 도둑질을 하면 노비가 되어야 했어. 고조선의 법은 꽤 엄했거든.

또 어떤 법이 있었을까? 고조선에는 어기면 안 되는 8가지의 법이 있었어. 그중 3가지가 지금까지 전해지고 있어.

고조선의 법을 보면 고조선 사람들의 생활 모습을 짐작할 수 있어.
같이 한번 살펴볼까?

고조선은 왜 멸망했을까?

청동기 시대에 세워진 고조선은 철기 문화를 받아들이며 더욱 부강해졌어. 우거왕 때는 중국 눈치를 보지 않을 정도로 강했어. 하지만 고조선은 우거왕 때 갑자기 멸망하고 말았어. 무슨 일이 있었던 걸까?

우거왕 때 중국에는 한나라라는 큰 나라가 있었어. 한나라는 주변의 작은 나라들과 무역을 했는데, 고조선이 중간에 끼어 이익을 챙겼지. 그렇지 않아도 날로 강해지는 고조선에게 위협을 느끼던 한나라는 불만이 폭발했어. 결국 고조선에 쳐들어갔지.

한나라는 5만 명이 넘는 어마어마한 군사로 고조선의 수도인 왕검성을 공격했어. 우거왕은 한나라의 공격을 1년 동안이나 막았지만 결국 무너지고 말았어.

한나라는 낙랑 등 네 개의 행정구역을 세우고 고조선을 다스렸어. 그러자 한나라의 지배를 받고 싶지 않은 일부 고조선 사람들은 한반도의 다른 지역으로 떠났어.

고조선 다음에는 어떤 나라들이 있었을까?

고조선이 멸망한 이후, 우리 땅에는 여러 나라들이 생겼어. 부족 마을들이 힘을 합쳐 나라를 세우기도 하고, 큰 나라가 작은 나라를 차지하기도 했어. 어떤 나라들이 있었는지 함께 볼까?

부여는 두 번째로 세워진 우리나라야. 고조선이 멸망할 무렵에는 근방에서 가장 부유하고 강한 나라였어. 훗날 고구려와 백제도 부여에서 나온 나라들이야.

옥저는 소금과 해산물이 많이 났어. 동예는 단궁이라는 활이 유명했어. 옥저와 동예는 고구려의 지배를 받다가 결국 고구려에 합쳐졌어.

고구려는 부여에서 나온 사람들이 세웠지만 나중에는 부여보다 더 강한 나라가 되었어.

남쪽 지방에는 80여 개의 아주 작은 나라들이 있었어. 이 나라들은 마한, 진한, 변한으로 묶였는데, 이것을 삼한이라고 해. 고조선 사람들의 일부가 삼한으로 내려와 함께 나라를 발전시켰어.

선사 시대 010

부여에서는 소와 돼지가 관리였다고?

부여는 왕과 네 명의 관리들이 나라를 나누어 다스렸어. 네 명의 관리들은 왕 못지않게 강한 권력자들이었어. 그런데 이 관리들의 이름이 소, 돼지와 같은 짐승 이름으로 불렸다는데 사실일까?

부여에서 가장 높은 관리는 마가, 우가, 저가, 구가야.
'가'는 귀한 사람, 높은 사람이라는 뜻이고, 마, 우, 저, 구는 한자로 각각 말, 소, 돼지, 개를 뜻해. 부여에서는 가축을 매우 중요하게 여겨서 높은 관리의 이름을 귀한 가축 이름으로 붙인 거야.

왕은 부여의 중심부를 다스렸어. 중심부에는 궁궐과 창고, 감옥 등이 있었어.

마가, 우가, 구가, 저가는 자신들의 부족을 다스렸어.

'가'는 자신들이 다스리는 지역에서 거의 왕과 같은 강한 힘을 가졌어.

'가'들은 왕이 나라를 잘못 다스리면 왕을 쫓아내거나 심지어는 죽이기도 했어.

고구려, 백제, 신라는 어떻게 만들어졌을까?

고구려, 백제, 신라는 수백 년 동안 우리 땅을 주름잡고 삼국 시대를 이룬 나라야. 세 나라는 처음에는 아주 작은 나라로 시작했지만 점차 주변의 나라들을 정복하며 크고 강한 나라가 되었지. 삼국 시대의 주인공인 고구려, 백제, 신라는 맨 처음 누가, 어디에 세웠을까?

고구려는 **주몽**이 졸본에 세운 나라야. 졸본은 산이 험하고 농사지을 땅은 부족했어. 그래서 고구려는 건국 초기부터 주변의 나라들을 적극적으로 정복하였어.

주몽은 활을 잘 쏘는 사람이라는 뜻이야.

온조는 주몽의 아들이야.

신라는 지금의 경주에 있던 사로국이라는 작은 나라에서 시작되었어. 알에서 태어난 **박혁거세**가 사로국의 시조야. 사로국은 나중에 나라 이름을 신라로 바꾸었어.

신라는 박혁거세, 석탈해, 김알지의 후손이 번갈아 가며 왕이 되었어.

백제는 주몽의 아들인 **온조**가 한강 유역인 위례성에 세운 나라야. 마한 지역의 작은 나라로 시작했지만 마한 전체를 차지하여 큰 나라가 되었어.

고구려의 왕자들은 왜 고구려를 떠났을까?

앞에서 백제는 고구려 주몽의 아들인 온조가 세웠다고 했어. 고구려 왕의 아들인 온조는 왜 고구려를 물려받지 않고 새로운 나라를 세웠을까?

주몽에게는 두 아들이 있었어. 졸본에서 소서노와 결혼하여 비류와 온조를 낳았지.

주몽 **소서노** **비류, 온조**

내 큰아들 이라고?!

아버지~

주몽에게는 부여에 두고 온 아들이 한 명 더 있었어. 어느 날 그 아들 유리가 주몽을 찾아왔어.

왕위를 물려받을 수 없게 된 비류와 온조는 고구려를 떠나 남쪽으로 갔어. 동생인 온조는 한강 근처인 위례성에 '십제'를 세웠어. 한강 주변은 땅이 기름지고 들판이 넓어서 살기 좋았어.

고구려는 유리가 물려받겠군. 우리 떠나자.

신라는 세 집안이 돌아가면서 왕이 되었다고?

신라의 시조는 박혁거세야. 그런데 신라의 왕은 박혁거세의 후손이 아니라 박, 석, 김 씨 세 집안에서 돌아가며 하였어. 왜 그랬을까?

신라 왕의 성씨를 살펴보면 박 씨가 10명, 석 씨가 8명, 김 씨가 38명이야. 신라는 한 집안이 왕위를 독차지할 만큼 권력이 세지 않았기 때문에 세 집안에서 돌아가며 왕이 되었어.
하지만 17대 내물왕부터는 김알지의 후손인 김 씨들만 신라의 왕이 되었어. 김 씨들의 세력이 커져서 다른 성 씨들을 내쫓고 권력을 독차지한 거야.

신라 초기에는 최고 지배자를 왕이 아니라 거서간, 차차웅, 이사금, 마립간 등으로 불렀어. 22대 지증왕부터 왕이라는 명칭을 사용하고 나라 이름을 신라로 정하는 등 나라의 기틀을 튼튼하게 하였어.

거서간은 존귀한 사람, 차차웅은 무당, 이사금은 나이가 많은 사람, 마립간은 우두머리라는 뜻이야.

우리나라 최고의 정복 왕은 누굴까?

삼국 시대는 전쟁의 시대였어. 용맹한 왕들이 직접 전쟁터에 나가 나라를 넓혔지. 그중 영토를 가장 많이 넓힌 정복 왕은 누구일까?

우리나라 최고의 정복 왕은 고구려의 **광개토대왕**이야.
광개토대왕은 18세에 왕위에 올라 전쟁터에서 살다시피 했어. 남쪽으로는 백제를 공격해 임진강 일대를 차지하고, 북쪽으로는 만주와 요동 지역을 차지해서 옛 고조선의 영토를 거의 회복했어. 하지만 아쉽게도 마흔 살의 젊은 나이에 세상을 떠나고 말았어.

광개토대왕릉비
장수왕이 아버지의 업적을 기리기 위해 세운 비석이야. 높이가 6.39미터인 어마어마한 규모야.

내가 바로 정복왕!

나를 따르라!

광개토대왕의 아들 **장수왕**은 아버지가 넓힌 영토를 잘 다스릴 뿐 아니라 남쪽으로 영토를 더 넓혔어. 남한강 유역까지 내려가 한반도의 중부 지역을 모두 차지했지. 고구려 역사상 가장 영토가 넓었을 때가 바로 장수왕 때야.

고구려가 정복 전쟁에 승리한 데에는 용맹한 철갑기병의 공도 컸어. 고구려의 기마병은 병사와 말 모두 철갑 옷을 둘렀어. 병사들은 무거운 갑옷을 입고도 말 위에서 자유자재로 활과 창을 다루며 적들을 물리쳤지.

고구려의 신랑은 신부의 집에서 살아야 했다고?

결혼한 여자가 남자의 집에 들어가 살림하는 것을 시집살이라고 해. 조선 시대의 여자들은 시집살이를 많이 했어. 그런데 고구려에서는 남자가 여자의 집에 가서 살았대. 왜 이런 풍습이 생겼을까?

사람의 일손, 즉 노동력이 중요했기 때문이야. 딸을 시집보내면 여자네 집안에서는 귀중한 노동력을 잃게 되지. 그래서 남자가 여자 집에서 얼마 동안 살면서 노동력을 제공한 거야. 사위가 처가에 가서 사는 것을 **데릴사위**라고 해.

고구려에서는 결혼이 정해지면 신부의 집 뒤에 '서옥'이라고 부르는 사위의 집을 지었어. 신랑은 결혼 첫날부터 서옥에서 신부와 함께 살았어. 낮에는 신부네 집안의 농사일을 도우면서 첫 아이가 성인이 될 때까지 살았지.

그러다가 아이가 성인이 되면 부부는 아이를 데리고 신랑의 집으로 가서, 남자 집안의 대를 이었어. 남자가 여자의 집에서 일정 기간 사는 결혼 생활은 조선 시대 이전까지 우리나라에서 흔한 풍속이었어.

가야는 왜 삼국 시대에서 빠졌을까?

삼국 시대는 사국 시대가 될 뻔했어. 고구려, 백제, 신라 말고 또 하나의 나라가 있었거든. 바로 백제와 신라 사이에 있던 가야야. 가야는 왜 삼국 시대에 포함되지 못했을까?

가야는 금관가야, 대가야, 선상가야, 아라가야, 고령가야, 소가야 등 여러 나라가 모인 **연맹 국가**였어. 각각의 가야에는 모두 왕이 따로 있었지만 외적이 쳐들어오면 한 나라처럼 힘을 합쳐 싸웠어.

가야는 초기에는 금관가야를 중심으로 뭉쳤고, 금관가야가 약해진 이후에는 대가야를 중심으로 뭉쳤어. 하지만 연맹 국가는 하나의 왕을 중심으로 움직이는 국가에 비해 힘이 약했어.

신라와 백제 사이에 끼어서 자주 공격을 당하던 가야는 562년에 결국 신라에게 정복당하고 말았어.

가야가 왕을 중심으로 한 통일 국가를 이루기 전에 멸망했기 때문에 삼국 시대에는 포함되지 못 한 거야.

우리가 있었다는 걸 잊지 말아 줘!

가야는 보잘것없는 작은 나라였을까?

가야는 삼국 시대에 끼지는 못했지만 잠깐 있다가 사라진 보잘것없는 나라는 아니었어. 무려 520년을 이어 오며 찬란한 문화를 이루었지. 가야는 어떤 나라였을까?

해상왕국
금관가야는 바닷길을 통해 해상무역을 했어. 배를 만들고 운행하는 기술이 뛰어났지.

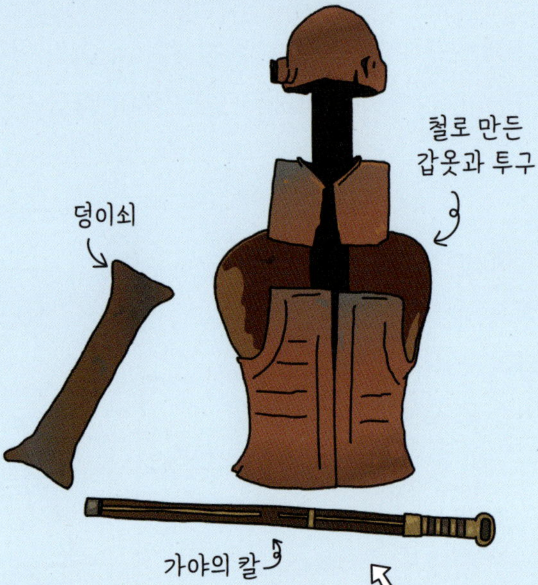

철의 왕국
가야에는 철이 많이 생산되었어. 특히 초기 가야 연맹을 이끈 금관가야에는 질 좋은 철이 많이 났어. 가야는 철로 농기구와 무기 등을 만들어 팔아 부유한 생활을 하였어. 중국이나 왜에서도 가야의 철을 사러 왔어.

- 덩이쇠
- 철로 만든 갑옷과 투구
- 가야의 칼

문화 강국
가야의 유물은 백제, 신라와 다른 독특한 멋이 있어. 중국, 일본과 무역하며 다양한 문화를 받아들였기 때문이야. 가야가 신라에 흡수된 후 가야의 뛰어난 문화는 신라에 전해져 신라의 문화를 발전시켰어.

- 삼각 구멍 무늬 잔
- 가야의 토기

백제에는 박사가 매우 많았다고?

어떤 분야에 매우 뛰어난 사람을 '박사'라고 해. 백제에도 박사가 있었어. 그것도 매우 많았다는데, 어떤 박사였을까?

백제에서는 학문과 기술이 뛰어난 사람을 박사라고 불렀어.

나는 오경박사. 유교의 다섯 가지 경전에 뛰어난 사람을 뜻해. 오경박사 1호는 '고흥'이야. 고흥은 백제의 역사책인 〈서기〉를 썼는데, 안타깝게도 지금은 전해지지 않아.

안녕, 나는 와박사야. 기와와 벽돌을 만드는 전문가지.

나 의박사는 의술에 뛰어나지. 현대의 의사와 같아.

난 노반박사야. 탑의 맨 꼭대기에 다는 금속 공예품을 만들지!

백제의 박사들은 일본에 학문과 기술을 전하기도 했어. 근초고왕 때 오경박사 '왕인'은 일본에 〈논어〉와 〈천자문〉을 가지고 가서 유학을 가르쳐 주었어. 이후에도 백제는 일본에 정기적으로 오경박사를 보내 유학을 전했어.

또한, 백제는 기술자를 우대하여 훌륭한 기술자들이 많았어. 백제의 장인 '아비지'는 신라에 가서 황룡사 9층 목탑을 만들었고, 불국사의 석가탑도 백제 사람인 '아사달'이 세웠어.

신라의 이차돈은 왜 흰 피를 흘리며 죽었을까?

이차돈은 신라에 살았던 승려야. 이 사람은 신라 귀족들에게 불교를 전하기 위해 흰 피를 흘리며 죽었어. 하얀색 피라니! 이차돈이 목숨을 바쳐서 불교를 전해야 할 이유가 있었을까?

삼국 시대에 불교는 단순한 종교가 아니었어. 불교를 통해 백성들의 마음을 하나로 모으고 왕실과 나라를 튼튼히 할 수 있었지. 고구려와 백제는 일찍이 불교를 받아들여 왕권 강화에 이용했어. 당시 불교에서는 '왕도 부처'라고 했거든.

신라의 법흥왕도 불교를 통해 왕권을 강화하고 싶었지만 귀족들의 반대가 심했어.

귀족들의 반대로 법흥왕은 고민에 빠졌어. 그러던 어느 날 이차돈이 법흥왕을 찾아왔어.

이차돈의 신비한 죽음에 놀란 귀족들은 한발 물러섰어. 법흥왕은 흥륜사라는 절을 짓고, 마침내 불교를 공식적으로 받아들였어. 이차돈은 정말 불교를 위해 목숨을 바쳤을까? 사실은 왕권을 강화하여 신라를 강한 나라로 만들기 위한 행동이었어.

신라에서는 신분에 따라 밥그릇 종류도 달랐다고?

신라에는 골품제라는 엄격한 신분 제도가 있었어. 어느 집안에서 태어났느냐에 따라 올라갈 수 있는 벼슬은 물론이고 결혼할 집안, 집의 크기, 옷의 색깔, 장신구의 색깔과 재료, 심지어는 밥그릇 종류까지 정해졌지. 그렇다면 한 번 정해진 골품은 바꿀 수 없었을까?

맞아. 골품은 절대로 바꿀 수 없었어.
골품제는 왕족을 대상으로 하는 '골제'와 귀족을 대상으로 하는 '두품제'로 이루어졌어.

성골 : 왕족 중 왕이 될 수 있는 신분이야. 성골끼리 결혼을 해서 태어난 사람만 성골이 되었어.

진골 : 왕은 될 수 없지만 최고의 벼슬까지 오를 수 있어.

6두품, 5두품, 4두품 : 귀족이지만 아무리 능력이 뛰어나도 각 두품에 해당하는 벼슬까지만 오를 수 있어.

3두품, 2두품, 1두품 : 평민에 해당하는 신분으로 관직에 오를 수 없었어.

골품제 때문에 뛰어난 능력을 펼치지 못하는 사람들은 골품제를 비판했어. 뛰어난 인재들이 신라를 떠나기도 했지. 그래도 골품제는 신라가 멸망할 때까지 유지되었어.

왜 신라에만 여왕이 있었을까?

고구려, 백제, 신라의 왕은 모두 115명이야. 그중 여왕은 선덕 여왕, 진덕 여왕, 진성 여왕, 딱 3명이야. 모두 신라의 여왕이지. 왜 신라에만 여왕이 있었을까?

신라에서는 엄격한 골품제 덕분에 여왕이 탄생했어.
골품제에 따르면 성골만 왕이 될 수 있어. 그런데 632년 진평왕이 세상을 떠났을 때 신라 왕실에는 성골인 남자가 한 명도 없었어. 왕실과 귀족들은 성골이 아닌 남자를 왕으로 세울지, 여자이지만 성골을 왕으로 세울지 고민을 했어.

신라 귀족들은 성별보다 신분을 선택했어.
그래서 성골 출신인 진평왕의 딸 덕만공주가 **선덕 여왕**이 되었어.

선덕여왕이 15년 동안 나라를 다스리다가 세상을 떠난 뒤에도, 여전히 성골 남자가 없었어. 따라서 **진덕 여왕**이 왕이 되었어.

진덕 여왕이 세상을 떠난 뒤에는 진골 출신도 왕이 될 수 있게 되었어.
진골 출신으로 왕이 된 최초의 인물은 진덕 여왕의 조카인 **무열왕 김춘추**야.

고구려가 백만 대군을 물리친 비법은?

612년에 중국 수나라의 양제가 113만이 넘는 군대를 이끌고 고구려를 쳐들어왔어. 고구려군은 압도적으로 많은 수나라 군대를 어떻게 물리쳤을까?

고구려는 **두 가지 전술**을 펼쳤어. 먼저 국경 지대인 요동성을 지키기 위해 **청야 수성 전술**을 펼쳤어. 들판의 물과 식량을 모조리 없애고 요동성에 들어가 수나라군이 지칠 때까지 버텼어.

요동성을 함락시키지 못한 수나라는 별동대 30만을 보내 고구려의 수도인 평양성을 함락시키려고 했어. 그러자 고구려의 을지문덕 장군은 **매복 작전**을 펼쳤어. 후퇴하는 척하며 수나라 군사들을 살수(청천강)로 유인한 뒤 수나라 군사들이 강물에 들어오자 미리 숨어 있던 군사들로 대대적인 공격을 펼쳤지.

수 양제는 다시 고구려를 쳐들어왔지만 실패를 했고, 잦은 전쟁으로 혼란에 빠진 수나라는 멸망하고 말았어.

신라에 있었던 꽃미남 모임?

신라에는 화랑도라는 단체가 있었어. 화랑도는 한자로 풀어 보면 '꽃 화', '사내 랑', '무리 도'야. 꽃처럼 예쁜 남자들의 무리라는 뜻이지. 화랑도는 정말 잘생긴 남자들의 모임이었을까?

화랑도는 신라의 청소년들이 모여 수련을 하는 단체였어.

화랑도는 우두머리인 화랑 한 명과 화랑을 따르는 낭도, 고문 역할을 하는 승려들로 이루어졌어. 귀족의 아들 중 학문이 높고, 인성이 훌륭하고, 외모가 단정한 사람이 화랑으로 뽑혔지. 낭도는 평민도 될 수 있었어.

화랑은 보통 열다섯 살에서 열여덟 살의 나이에 활동했어. 3년 동안 전국의 경치 좋은 곳을 찾아다니며 국가에 대한 사랑을 배우고, 유교 경전을 읽고, 무술을 닦고, 명상하며, 춤과 노래도 즐겼지.

하지만 화랑도는 청소년들이 놀고 즐기기 위해 만든 모임이 아니야. 나라에 필요한 인재를 길러 내기 위한 교육기관이었어.

진흥왕이 산꼭대기에 비석을 세운 까닭은?

북한산 비봉의 꼭대기에 진흥왕이 세운 비석이 있어. 진흥왕은 왜 험한 산꼭대기에 비석을 세웠을까?

진흥왕 때 신라는 전성기를 맞이했어. 고구려 영토인 함경도 남부를 차지하고, 백제의 땅이었던 한강 유역을 빼앗고, 가야도 정복했어. 신라의 영토는 이전에 비해 3배 가까이 넓어졌어.
진흥왕은 이를 자랑스러워하며 자신이 정복한 영토에 **순수비**라는 비석을 세웠어. '순수'는 왕이 나라를 돌며 두루 살펴본다는 뜻이야.

한강 유역에 북한산비, 함경도에 황초령비, 마운령비, 가야의 땅이었던 창녕에 척경비를 세웠어.

백제는 왜 수도를 여러 번 옮겼을까?

백제의 첫 수도는 지금의 서울인 한성이었어. 백제의 678년 역사 동안 493년을 한성을 수도로 삼았지. 그런데 이후 충청남도 공주와 부여로 수도를 옮겼어. 백제는 왜 수도를 옮겼을까?

백제의 첫 수도인 한성은 정말 살기 좋은 땅이었어. 한강 유역인 한성은 땅이 기름져서 농사가 잘되고, 중국 등 해외로 진출하기도 좋았지. 그래서 백제가 차지하고 있던 한강 유역은 인기가 무척 좋았어. 삼국은 서로 한강을 차지하려고 피 튀기는 전쟁을 벌였어.

풍납토성, 몽촌토성
현재 서울의 송파구에 있는 풍납토성과 몽촌토성. 풍납토성이 한성 백제의 위례성이고, 몽촌토성은 풍납토성에 딸려 있는 성으로 짐작되고 있어.

475년 고구려의 장수왕이 한성에 쳐들어와 개로왕을 죽이고 한성을 빼앗았어. 백제는 지금의 공주 지역인 **웅진**으로 급하게 수도를 옮겼어. 그 후 웅진은 63년 동안 백제의 수도가 되었어.
성왕은 비좁은 웅진을 떠나 지금은 부여 지역인 사비로 수도를 옮기고 나라 이름을 '남부여'로 바꾸었어. 사비는 넓은 들판을 끼고 있어서 백제를 다시 발전시킬 꿈을 꾸기에 알맞은 곳이었어. 사비는 122년 동안 백제의 수도였어.

신라와 백제가 서로 힘을 합친 이유는?

국경을 맞댄 이웃 나라끼리는 사이가 좋기 힘들어. 서로 국경을 넓히려고 전쟁을 벌이니 말이야. 백제와 신라는 어땠을까?

백제와 신라는 서로 싸울 때가 많았지만 고구려라는 강한 적 앞에서는 힘을 합쳤어. 장수왕이 국내성에서 평양으로 수도를 옮기고 남쪽으로 땅을 넓히려 하자 백제와 신라는 동맹을 맺었어. 이것을 **나제 동맹**이라고 해.

신라+백제=나제동맹

나제 동맹 이후 신라와 백제는 고구려의 침입에 맞서 서로 도왔어.

551년 백제의 성왕은 고구려에게 빼앗긴 한강 유역을 되찾기 위해 신라 진흥왕에게 군사를 요청하였어. 나제 동맹군은 용감하게 싸워서, 백제는 드디어 70년 만에 한강 유역을 되찾았어. 하지만 기쁨도 잠시, 2년 뒤 진흥왕은 나제동맹을 배신하고 한강 유역을 빼앗아 갔어. 신라도 중국과 교류하기 위해 한강 유역이 꼭 필요했기 때문이야.

감히 백제를 배신하고 우리 땅을 빼앗다니!

성왕은 분노로 부르르 떨었어. 대가야와 힘을 합쳐 신라의 관산성으로 쳐들어갔지.

하지만 성왕은 전투에서 패하고 그만 목숨까지 잃었어. 이후 백제와 신라는 원수 같은 사이가 되고 말았어.

신라 왕의 금관은 죽어야만 쓸 수 있다고?

신라의 금관을 본 적 있니? 번쩍번쩍 화려하고 멋스러워. 신라의 왕들은 평소에 이 금관을 쓰고 살았을까? 꽤 무거워 보이는데 말이야.

신라의 금관은 지금까지 6개가 발견되었는데 하나같이 섬세하고 아름다워. 금관은 금을 매우 얇게 펴서 만들었어. 장식이 많아서 예쁘지만 작은 충격에도 쉽게 망가질 것 같아. 금관의 크기에 따라 조금씩 다르지만 무게는 대략 1kg 정도야.

금관의 새 장식
아름다운 새와 나무가 죽은 이를 하늘 세계로 데려가 준다고 믿었대.

왕이 특별한 날에 금관을 썼을지도 모르지만 평소에 쓰기에는 여러모로 불편해 보여. 그래서 금관은 죽은 이의 무덤 속에 넣어 주는 부장품이었을 것으로 추측하고 있어.

실제로 천마총에서 발견된 왕관은 죽은 이의 얼굴을 고깔 모양으로 덮고 있었어.

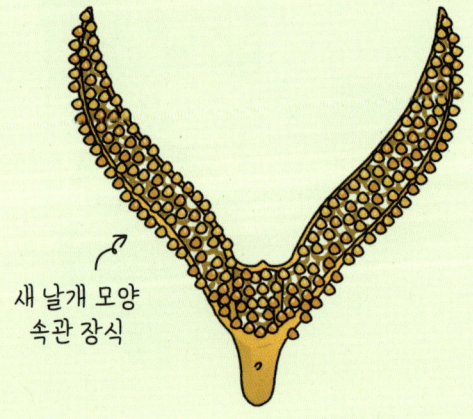

새 날개 모양 속관 장식

삼국 시대 028
딸의 복수를 위해 백제를 침공한 왕이 있다고?

성왕이 죽은 후 백제는 신라를 집요하게 공격했어. 백제를 막아내기 힘들었던 신라는 당나라에게 도움을 요청해. 이때 당나라에게 부탁하러 간 사람은 이후 신라의 왕이 되는 김춘추야. 김춘추는 왜 우리 민족을 물리치기 위해 중국과 손을 잡았을까?

삼국 시대에는 고구려, 백제, 신라가 한 민족이라는 의식이 없었어. 그저 경쟁자일 뿐이었어. 게다가 김춘추는 백제에 개인적인 원한도 있었어. 한강을 빼앗긴 이후 백제는 끈질기게 신라를 공격했는데, 그 과정에서 김춘추의 딸이 백제군에 의해 목숨을 잃었거든.

백제에게 포로로 잡힌 김춘추의 딸

김춘추는 먼저 고구려에 도움을 청했지만 거절당했어.
그래서 당나라로 건너가 함께 백제를 치자고 했고, 당나라 태종은 환영했어.

백제를 꼭 무너뜨리겠어!

이렇게 신라와 당나라의 연합군인 나당연합군이 결성되었고, 백제는 멸망하고 말았어.

잠깐, 당나라는 신라의 제안을 왜 받아 들였을까?
당나라는 백제를 먼저 무너뜨린 뒤, 신라와 함께 고구려를 공격해 차지할 생각이었어. 신라가 대동강 이북의 고구려 땅을 당나라에게 주겠다고 미리 약속을 했거든. 그러나 당나라는 이후 신라까지 정복할 생각이었어.

계백 장군은 왜 가족을 죽여야 했을까?

백제는 신라와 당나라 연합군의 공격으로 멸망했어. 백제가 멸망하게 된 결정적인 사건은 바로 황산벌 전투야. 황산벌 전투에 나가기 전, 계백 장군은 제 손으로 가족들을 모두 죽였어. 계백 장군은 왜 사랑하는 가족들을 죽였을까?

660년, 신라의 김유신이 이끄는 5만 명의 군사와 당나라의 소정방이 이끄는 13만 명의 군사가 한꺼번에 백제에 들이닥쳤어.
황산벌로 나가기 전, 계백 장군은 이 전쟁에서 백제가 이길 수 없다는 걸 알았어. 나당연합군이 백제 땅에 너무 깊숙이 들어와 버렸거든. 게다가 신라군에 맞설 백제 군사는 결사대 5천 명뿐이었지. 계백 장군은 가족을 적의 손에 비참하게 죽게 하지 않으려고, 미리 죽이고 전쟁터로 떠난 거야.

계백 장군과 결사대는 목숨을 걸고 싸웠어. 하지만 안타깝게도 황산벌 전투에서 모두 전사하고 말았지. 나당연합군은 백제의 수도인 사비성으로 몰려갔어. 사비성은 함락되었고, 백제의 마지막 왕인 의자왕과 신하들과 백성들 1만 2천여 명이 당나라로 끌려갔어. 이로써 700년 백제 역사는 막을 내렸어.

강했던 고구려는 어쩌다 멸망했을까?

고구려는 건국 초기부터 끊임없이 중국의 여러 나라들과 전쟁을 벌였지만 꿋꿋하게 나라를 지켰어. 고구려가 없었다면 한반도는 일찍이 중국 땅이 되었을지도 몰라. 그런 고구려가 어쩌다 당나라에게 무너졌을까?

백제를 멸망시킨 다음 해에 당나라는 고구려를 쳐들어갔어. 신라군과 함께 평양성을 에워싸고 공격했지. 고구려는 쉽게 무너지지 않았어. 고구려는 매우 강인한 나라였으니까. 하지만 몇 년 뒤 당나라가 또다시 고구려를 공격했을 때 고구려는 멸망하고 말았어.

고구려의 멸망은 **지배층의 권력 다툼** 때문이었어.
고구려는 **연개소문**이라는 귀족이 왕보다 강력한 권력을 잡고 있었어. 그런데 연개소문이 죽은 뒤 아들들 사이에서 다툼이 일어났어. 첫째 아들 남생이 지방에 간 틈을 타서 둘째인 남건이 권력을 빼앗았어. 남생은 화가 나서 당나라에게 고구려를 정벌해 달라고 하고, 부하를 시켜 평양 성문까지 활짝 열어 두었어. 그렇게 668년 대륙을 호령했던 고구려는 어이없이 무너지고 말았어.

신라의 삼국 통일에 앞장선 김유신의 비밀은?

삼국 시대 031

가야가 멸망한 후 가야 사람들은 어떻게 되었을까? 신라에서는 항복한 가야 사람들을 받아들여 신라에서 살게 해 주었어. 그런데 사실 김춘추와 함께 삼국 통일에 앞장섰던 김유신도 본래 가야의 왕족이었대. 가야의 왕족은 신라에서 어떻게 살았을까?

신라는 항복한 가야 사람들에게 땅을 주고 신라에서 살게 해 주었어. 하지만 가야인들을 차별 대우했어. 한곳에 모여 살게 하고, 수도인 경주에 들어가지 못하게 하였지. 금관 가야의 왕족이었던 김유신의 집안은 진골 귀족의 신분을 받았어. 높은 신분을 받았으니 승승장구했을까? 그렇지 않았어. 신라의 귀족들은 가야 출신이라며 김유신의 집안을 무시했지.

김유신의 할아버지와 아버지는 집안을 일으키기 위해 신라에 충성했어. 김유신은 백제와의 전쟁에서 큰 승리를 거두며 신라의 삼국 통일에 큰 힘을 보탰어. 왕족인 김춘추에게 자신의 여동생을 시집보내며 각별하게 친하게 지내고 말이야.

마침내 김춘추가 왕위에 오르자 김유신은 왕비의 오빠가 되었어. 가야 출신으로는 신라에서 가장 출세한 인물이 된 거야.

신라에서 활약한 가야 출신 음악가 우륵

우륵은 가야금을 들고 신라에 망명했어. 가야금은 대가야의 가실왕이 만든 악기로, 우륵은 가실왕의 명으로 가야금곡 12곡을 작곡했어.

가야금은 오동나무 공명반에 명주실로 12개의 현을 만들었어. 12개의 현은 12달을 나타내는 거야.

남북국 시대의 남북국은 어느 나라일까?

남북국 시대 032

삼국 시대 다음은 남북국 시대야. '남북국'이란 어떤 나라를 뜻할까?

남북국 시대는 한반도의 남쪽에는 삼국을 통일한 신라가, 대동강 북쪽에는 발해가 있던 시기야. 이때 통일신라를 남국이라고 하고, 발해를 북국이라고 해.

통일신라는 고구려, 백제, 신라의 삼국을 하나로 통일했지만 사실 반쪽짜리 통일이었어. 백제의 땅은 다 가졌지만, 고구려의 땅은 겨우 대동강 이남만 차지하였거든. 고구려 땅은 대부분 당나라가 정복했어.

발해는 고구려 멸망 30년 후인 698년, 고구려 장군이었던 대조영이 세운 나라야. 고구려 유민과 말갈족을 모아 만주의 동모산 근처에 나라를 만들었지.
발해의 백성은 고구려인보다 말갈인이 더 많았어. 그렇다면 발해는 고구려가 아니라 말갈의 나라일까? 그렇지 않아. 발해는 대부분 고구려인이 지배층을 이루고 있었고, 역사적으로 발해가 고구려의 전통을 이어받았다는 증거가 많아.

발해가 고구려를 이어받았다는 증거

발해가 일본에 보낸 국서에 '발해는 고구려의 옛땅을 회복하였고 부여의 뒤를 잇는다'라고 쓰여 있어. 부여에서 고구려가 나왔기에 부여의 뒤를 잇는다는 것은 고구려의 뒤를 잇는 것과 같아.

옛 고구려 땅인 동모산 근처에 발해를 세웠어. 동모산 위에 성터가 남아 있어.

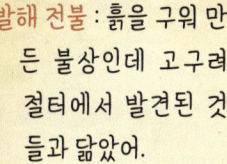

발해의 유물에는 고구려 전통을 물려받은 흔적이 있어.
발해 석등: 고구려 석등과 비슷한 양식이야.
발해 전불: 흙을 구워 만든 불상인데 고구려 절터에서 발견된 것들과 닮았어.

남북국 시대 033 바닷속에 왕의 무덤이 숨어 있다고?

경주의 앞바다에는 대왕암이라는 바위섬이 있는데, 이곳은 신라 문무왕의 무덤으로 알려졌어. 문무왕은 왜 바닷속에 묻혔을까?

문무왕은 태종 무열왕 김춘추의 아들이자 김유신의 조카야. 신라의 삼국 통일을 이룬 왕이야.
삼국 통일 이후에도 문무왕은 신라의 앞날이 걱정되었어. 왜구가 자꾸 쳐들어와 신라 사람들을 괴롭혔거든. 문무왕은 죽어서도 신라를 지키고 싶었어.
문무왕의 유언에 따라, 시신은 화장되어 동해의 감포 앞바다에 묻혔어. 경주 앞바다에 있는 대왕암이 문무왕의 무덤이라고 전해지고 있어.

내가 죽거든 불에 태워 동해 바다에 장사를 지내라. 바다의 용이 되어 왜구로부터 신라를 지키겠다!

대왕암 : 섬 안쪽에 거북 모양의 화강암이 있는데, 그 밑이 문무왕의 무덤인 해중릉이야. 그런데 오늘날 조사를 해 보았더니 대왕암 밑에 유골이나 무덤의 흔적은 없었어.

감은사지 : 대왕암 근처에 감은사라는 절터가 있어. 나라를 지켜달라며 문무왕이 짓기 시작하여 아들인 신문왕이 완성한 절이야. 지금은 육지지만 신라 시대에는 감은사 바로 앞까지 바다였대.

신라의 왕릉에서 발견된 유리구슬의 비밀은?

남북국 시대 034

신라의 왕릉에서는 뜻밖의 물건이 발견되었대. 바로 이집트와 페르시아에서 만들어진 유리나 구슬이야. 신라인들이 '서역'이라고 부르던 먼 나라의 물건이 어쩌다 신라의 왕릉에 들어간 걸까?

삼국 통일 이후 신라에서는 국제무역이 활발하게 이루어졌어. 신라 상인들은 당나라에 가서 당나라, 인도, 서아시아, 아라비아, 일본 등과 물건을 사고팔았고, 당나라에 왔던 서역 상인들도 신라로 건너왔어.

서역 상인들은 로마산 유리그릇, 아라비아산 후추, 이집트산 유리구슬, 상아, 페르시아산 양탄자 등을 가져왔어. 신라 귀족들은 귀한 물건들을 사서 흥청망청 사치스러운 생활을 하였지.

상감 유리구슬: 옥으로 만든 목걸이. 서역인으로 보이는 모습이 그려져 있어.

유리그릇: 이집트, 중앙아시아 등에서 만들어졌어.

황금장식보검: 신라 무덤에서 나온 황금보검과 똑같은 칼이 사마르칸트의 벽화에 그려져 있어.

신라 귀족들이 서역 사람들을 호위무사로 삼았다는 말도 있어. 그래서일까? 신라의 무덤을 지키는 무인상 중에 부리부리한 서역 사람의 외모를 한 석상도 있어.

괘릉 무인상: 신라 괘릉의 무인상. 부리부리한 눈과 머리의 터번, 복슬복슬한 수염 등을 보면 서역 사람인 것 같아.

원효대사가 해골 물을 먹고 보인 반응은?

신라의 많은 승려들이 당나라로 유학을 갔어. 당나라는 신라보다 훨씬 불교가 발전해서 배울 점이 많았거든. 원효대사도 당나라 유학을 떠났는데, 가는 길에 포기하고 돌아오고 말았대. 힘들게 떠난 유학을 왜 포기했을까?

원효대사는 당나라 유학을 두 번 떠났어.
첫 번째는 고구려 땅을 통해서 가려 했는데, 고구려 군사들에게 잡혀 실패했어.
두 번째는 같이 공부하던 의상대사와 함께 떠났어. 두 사람은 당나라로 가던 길에 한 동굴 속에서 잠을 자게 되었어. 밤중에 목이 말라 잠이 깬 원효대사는 옆에 있던 바가지에 담긴 물을 마셨어.

신라로 돌아온 원효대사는 평범한 백성들에게 불교를 전하는 데 앞장섰어. 글자를 모르는 백성들에게 불경 대신 노래를 불러 불교의 가르침을 전해 주었지.
원효의 쉬운 가르침 덕분에 많은 백성들이 불교를 믿게 되었어. 그전까지 왕실과 귀족 중심이었던 불교는 원효대사로 인해 백성들에게까지 뿌리내리게 되었지.

남북국 시대 036

장보고가 해적을 잡기로 결심한 이유는?

장보고는 신라 사람이지만 당나라에 가서 군인이 되었어. 신라에서는 장보고처럼 지방 출신은 군인으로 성공할 수 없었거든. 당나라 군인으로 잘 살던 장보고는 갑자기 신라로 돌아와 완도에 청해진을 지었어. 왜 그랬을까?

장보고는 당나라에서 해적에게 노비로 팔려 온 신라 사람들을 보았어. 너무나 비참한 신라인들의 모습에 충격을 받았지. 당시 신라는 귀족들의 사치와 왕위 다툼으로 나라 꼴이 말이 아니었어. 바다에는 해적이 들끓고 육지에는 도적 떼가 창궐하였는데, 아무도 백성들을 지켜주지 않았어. 이에 장보고는 신라로 돌아가 해적을 소탕하기로 결심했어.

장보고는 흥덕왕에게 요청하여 1만 명의 군사를 받아 완도에 **청해진**이라는 요새를 지었어. 장보고는 그곳에서 신라인들을 괴롭히던 못된 해적들을 모조리 소탕했어. 완도 바다가 안전해지자 장보고는 무역을 시작했어. 청해진은 당나라, 신라, 일본을 연결하는 무역의 중심지가 되었고, 장보고는 '**해상왕**'이라 불리며 큰 부를 이루었어.

발해를 왜 해동성국이라 불렀을까?

남북국 시대 037

당나라는 발해를 '해동성국'이라고 불렀어. '바다 동쪽의 번영한 나라'라는 뜻이야. 발해에게 왜 그런 칭찬을 하였을까?

발해는 건국한 지 약 150년 만에 요동 일부 지역을 제외한 옛 고구려 영토를 대부분 회복했어. 전성기 때의 발해 영토는 통일신라보다 3배 이상 넓고, 옛 고구려 영토보다도 넓었어.

발해의 주 수도인 상경 용천부도 무척 큰 도시였어.
발해는 상경 용천부를 중심으로 교통로를 닦아서 당나라, 거란, 일본, 신라, 서역 등 여러 나라들과 활발한 무역을 하였어.

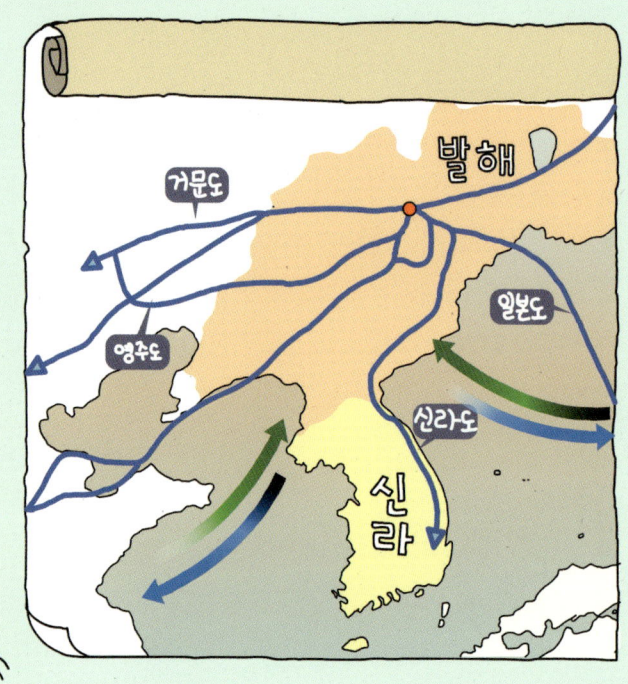

이러한 과정에서 발해는 고구려와 당나라의 영향을 받아 독특한 문화를 발전해 나갔어. 당나라는 발해를 '바다 동쪽의 전성기를 맞이한 나라'라는 뜻으로 **'해동성국'**이라고 불렀어.

220여 년 동안 번성하던 발해는 갑자기 멸망했어. 원인은 정확히 알 수 없지만, 지배층의 분열 때문에 거란의 침략을 막지 못했다는 설이 유력하게 전해져.

남북국 시대 038
해외에서 인기가 많았던 발해의 동물은?

발해는 해외로 여러 물품을 수출했는데, 그중에는 살아 있는 동물도 있었어. 특히 인기가 많았던 동물은 무엇일까?

중국에서는 발해에서 키운 말이 최고의 인기를 누렸어.
발해는 지금의 러시아 땅인 솔빈부의 넓은 평원에서 말을 길러서, 1년에 2번 30필의 말을 당나라로 보냈어.

발해의 말은 품종이 좋고, 튼튼하고, 빨라서 명마로 소문이 났어. 중국의 장수들은 서로 발해의 말을 타려고 했어. 그래서 발해의 말을 사다가 중국에 되팔아 큰돈을 번 사람들도 있었어. '이정기'라는 사람은 그렇게 번 돈으로 나라를 세우기도 했어.

일본에서는 발해의 담비가 인기가 많았어. 당시 일본 귀족들 사이에서는 귀한 모피 옷으로 자신의 신분과 부를 자랑하는 게 유행이었거든.

발해의 수출품
호랑이 가죽, 표범 가죽, 물개 가죽, 담비 가죽,
토끼 가죽, 인삼, 우황, 사향, 꿀, 말

💡 **발해는 왜 무역을 많이 했을까?**
발해는 춥고 산이 많아 농사짓기에 좋지 않았어. 그래서 여러 가지 특산품들을 수출하여 곡식과 옷감 등 생활에 필요한 물건들을 산 거야.

남북국 시대 039 후삼국은 삼국과 무엇이 다를까?

통일신라 말부터 고려 건국 전까지를 후삼국 시대라고 해. 후삼국 시대는 삼국 시대와 무엇이 다를까?

삼국 시대는 고구려, 백제, 신라가 경쟁하던 시대이지? 후삼국 시대는 삼국을 통일한 통일신라가 다시 후백제, 후고구려, 신라의 삼국으로 나뉘어 다투던 시대야.

신라 말은 혼란의 시기였어. 귀족들은 서로 왕이 되겠다고 다투었고, 세금을 많이 걷어 사치를 일삼았어. 백성들은 세금을 내고 나면 먹을 것이 없어서 굶주림에 시달렸어. 참다못한 사람들은 곳곳에서 봉기를 일으켰고, 각 지방을 중심으로 힘을 키운 호족들이 생겨났지. 이들 중 견훤이 후백제를, 궁예가 후고구려를 세웠어.

후고구려
궁예는 옛 고구려 땅에 나라를 세웠어. 신라를 몰아내고 고구려를 다시 일으키자며 나라 이름을 후고구려로 정했어.

후백제
옛 백제 땅에서는 견훤이 후백제를 세웠어. 후백제는 전라도와 충청도를 차지하고 나라의 틀을 갖추었어. 한때 중국과 왜에 사신도 보낼 만큼 세력이 컸어.

신라
기울어져 가는 신라는 지방곳곳에서 힘을 키우는 세력들을 막지 못 했어.

고려 시대 040

왕건은 어떻게 후삼국을 통일하고 고려를 세웠을까?

후백제, 후고구려, 신라를 통일하여 세운 나라가 고려야. 왕건은 어떻게 후삼국을 통일하고 새 나라를 세웠을까?

왕건은 송악, 즉 지금의 개성에 살던 호족이었어. 열아홉 살에, 후고구려를 세운 궁예의 신하로 들어갔어. 왕건은 매우 뛰어난 장군이어서, 후백제와 신라를 공격하여 후고구려의 땅을 넓히는 데 공을 세웠어.

그런데 궁예가 날로 포악해지자 왕건은 궁예를 내쫓고 **고려**를 세웠어.
왕건은 지방 호족들을 자기편으로 끌어들이고, 세금을 줄이는 등 백성들의 어려움을 살폈어. 멸망한 발해에서 넘어온 사람들을 받아 주고, 후백제의 공격으로부터 신라 왕실도 보호했지. 그러자 신라의 경순왕은 고려에 항복했어. 싸워 보지도 않고 신라를 고스란히 고려에 넘겨준 거야. 신라를 통일한 다음 해에 왕건은 후백제를 공격하여 멸망시켰어.

936년 고려는 완전한 통일 국가가 되었어.

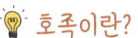 **호족이란?**
호족은 지방을 중심으로 힘을 키운 집안을 뜻해. 그 지역에 넓은 땅과 많은 재산, 노비, 심지어는 군대까지 가지고 있었어. 신라 말, 왕권이 약해지자 전국 곳곳에서 호족들이 힘을 키웠어.

고려는 고구려를 계승한다는 의미를 담고 있어.

왕건은 정말 부인이 스물아홉 명이었을까?

고려 시대 041

옛날 왕들은 아내가 여러 명이었어. 정식 부인은 한 명이지만 후궁이 여럿이었지. 고려를 세운 왕건의 부인은 무려 스물아홉 명이었다고 해. 아무리 왕이라도 너무 많았지? 이유가 있었을까?

왕건은 호족들을 자기편으로 끌어들이기 위해 결혼을 하였어.
옛날 왕들은 상대를 사랑해서 결혼하는 게 아니었어. 신부를 고르고 결혼하는 일에는 정치적인 이유가 따랐지. 왕건이 6명의 정식 부인과 23명의 후궁을 들인 이유도 나라를 잘 다스리기 위해서였어.
신라 말과 고려 초기에는 지방 호족들의 힘이 매우 강했어. 왕건은 세력이 강한 호족의 딸이나 누이와 결혼하였어. 그러면 가족이 된 호족들은 자연스럽게 왕건의 편이 되었지. 이렇게 결혼으로 같은 편을 늘리는 정책을 '**혼인 정책**'이라고 해.

왕건은 전략적인 **혼인 정책**을 통해 호족들이 고려에 충성하게 만들었어.

고려 시대 042

고려에서는 조상을 잘 두면 벼슬을 얻었다고?

고려에서 관리가 되는 법은 두 가지였어. 시험을 봐서 합격하거나 조상의 덕을 보는 거야. 시험이야 열심히 공부하면 되는데, 조상 덕을 본다는 것은 어떤 뜻일까?

고려에서 관리가 되려면 기본적으로 과거 시험을 보고 합격해야 했어. 시험 과목은 유학이었는데, 합격하기가 만만치 않았어. 고려 중기부터는 과거에 합격해도 벼슬자리가 없어서 기다리는 일도 많았어.

그런데 과거 공부를 하나도 하지 않고도 관리가 되는 사람도 있었어. 아버지나 할아버지 또는 외할아버지가 나라에 큰 공을 세우거나 높은 벼슬자리에 있는 사람은 과거를 치르지 않아도 관리가 되었어. 이런 제도를 조상의 음덕으로 관리가 된다고 해서 '**음서제**'라고 해. 높은 관리들은 이런 식으로 권력을 대대로 물려주며 고려의 지배층인 **문벌**이 되었어.

> 💡 음서로 관리가 된 사람들은 정말 공부를 하나도 안 했을까?
> 고려의 관리들 사이에서는 과거에 합격한 사람을 높이 평가했어. 그래서 음서로 관리가 되었지만 다시 과거를 보는 사람들도 있었어.

고려 시대 043 말 한마디로 거란을 물리친 사람은?

거란은 발해를 멸망시킨 뒤 계속 힘을 키워서 결국 고려에 쳐들어왔어. 그런데 며칠 뒤, 거란은 어쩐 일로 전쟁 한 번 치르지 않고 조용히 물러갔대. 무슨 일이 있었던 걸까?

993년 거란의 장군 소손녕이 대규모 군대를 끌고 쳐들어왔어. 고려는 전쟁을 피하려고 거란이 원하는 땅을 내주고 항복을 하려고 했어. 이때 **서희**가 나서서 거란과 협상을 하겠다고 했어.

고구려의 옛 땅은 거란의 땅이니 돌려 달라. 고려는 송과의 관계를 끊고 거란과 국교를 회복하라.

고려는 고구려의 후계자니 옛 고구려 땅은 고려 땅이다. 거란과 국교를 맺지 못한 것은 여진족 때문이다. 압록강 유역의 여진족을 내쫓아주면, 그곳에 고려의 성을 쌓고 거란과 교류를 하겠다.

소손녕은 서희의 말을 받아들이고 물러갔어. 압록강 유역의 여진족을 내쫓고, 압록강 동쪽의 땅을 고려에게 넘겨주었지. 고려는 싸움 없이 옛 고구려 땅의 일부를 차지하게 된 거야. 고려는 이 땅에 **강동 6주**라는 성과 요새를 쌓고, 거란과 교류를 시작했어.
사실 거란은 처음부터 고려를 정복할 마음은 없었고, 고려가 송과의 관계를 끊게 만들 셈이었어. 서희는 거란의 목적을 정확히 파악했기 때문에 협상에 성공했어.

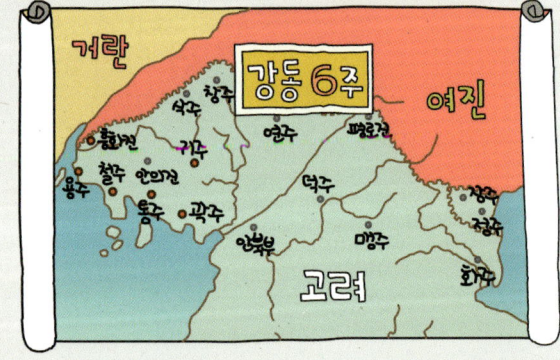

고려 시대 044 고려 사람들은 정말 불교만 믿었을까?

고려에서는 왕부터 백성들까지 불교를 믿었어. 그렇다면 이전부터 믿어 오던 전통 신앙은 싹 사라졌을까?

고려 사람들은 평생 불교 문화를 따르며 살았어. 어려운 일이 생기면 부처님에게 소원을 빌고, 죽으면 불교 방식대로 화장을 하였어.

승려가 되는 사람도 많았어. 심지어 왕자들도 승려가 되었어. 높은 승려들은 존경을 받았는데, 백성과 왕에게 불교를 가르치는 '국사'와 '왕사'는 온 나라가 우러러 보았어. 과거 시험 중에 승려를 뽑는 '승과'도 있었어.

대각국사 의천은 11대 문종의 넷째 아들이었어.

나라에 어려운 일이 생기면 부처님의 힘으로 극복하려고 했어. 거란과 몽골이 쳐들어왔을 때는 불교의 경전인 대장경을 펴냈지.

팔만대장경 : 몽골의 침입 때 만들었어. 현재 해인사의 장경판고에 보관되어 있어.

고려에서는 풍수지리 사상도 유행했어. 풍수지리는 산과 물, 땅의 모양이 가진 기운을 따라 사람의 운명도 달라진다는 이론이야. 왕건을 비롯한 고려 사람들은 궁궐이나 집을 지을 때, 절을 지을 때, 무덤을 정할 때 풍수지리를 따져 좋은 자리를 찾았어.

우리나라의 영어 이름 코리아가 고려라고?

고려 시대 045

우리나라의 영문 이름은 코리아야. 아라비아의 상인들이 고려를 코리아라고 부른 데서 유래되었어. 머나먼 아라비아에서는 어떻게 고려를 알았을까?

고려에는 세계 여러 나라의 상인들이 모이는 국제 무역항이 있었어. 개성 근처를 흐르는 예성강의 벽란도야. 벽란도는 수심이 깊어서 큰 배들도 거뜬히 들어왔어.

벽란도에는 다른 나라의 사신들과 상인들이 많이 왔어. 그중에는 송나라 상인들이 가장 많았어. 송나라 상인들은 비단, 차, 책, 악기 등을 가져와 팔고, 고려에서 한지, 인삼, 돗자리, 나전칠기, 모시, 삼베 등을 사 갔어.
거란, 여진, 일본, 동남아시아 그리고 멀리 아라비아에서도 벽란도에 왔어. 아라비아의 상인들은 향료, 상아, 공작 등을 가져왔지.

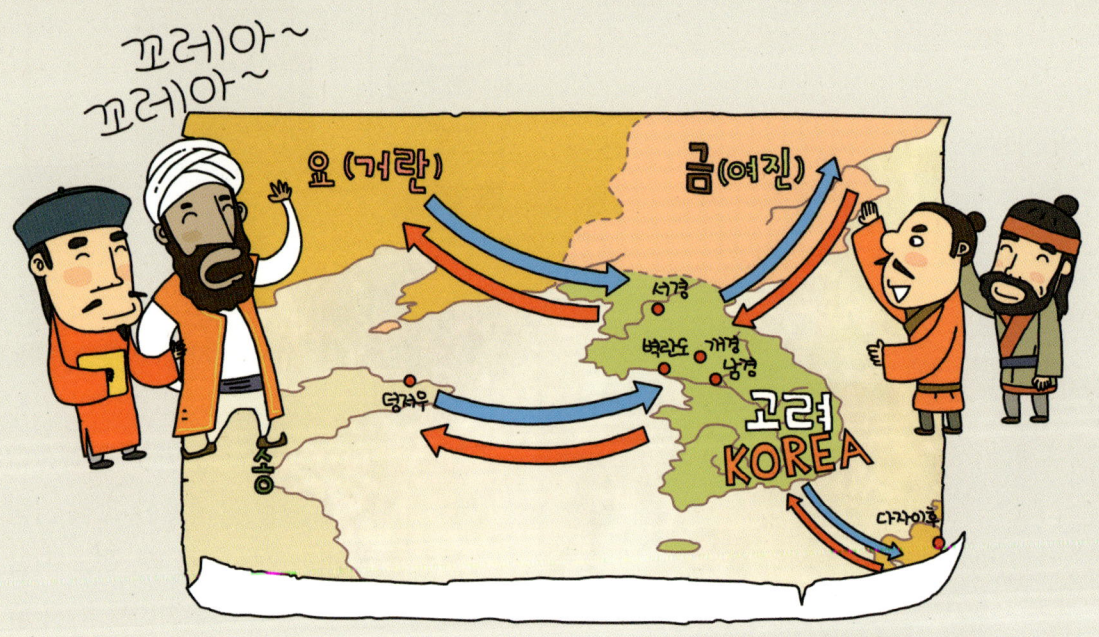

아라비아의 상인들은 '고려'라는 이름을 발음하기 어려웠어. 그래서 고려를 '꼬레', '꼬레아', '코리아' 등으로 불렀어. 그렇게 우리나라의 영어 이름이 '코리아'가 되었어.

고려 시대 046 고려의 궁궐에는 다방이 있었다고?

다방이라고 들어봤니? 다방은 커피와 차 등을 파는 곳이야. 요즘에는 카페라고 부르지. 카페는 사람들이 많이 다니는 거리에 많아. 그런데 고려에는 궁궐 안에 다방이 있었어. 왜 궁궐 안에 다방을 두었을까?

고려의 다방은 오늘날 카페와 달리 국가에서 운영하는 관청이었어.
고려에서는 불교의 영향으로 차를 많이 마셨어. 왕실에서는 중요한 일이 있을 때마다 차를 마시고 신하들에게 차를 선물하기도 했어. 외국 사신에게도 차를 대접했어.

다방은 국가와 왕실에서 필요한 차를 관리하고 차와 관련한 의례를 보았어. 신하들에게 선물로 주는 차도 다방에서 관리했어.

오늘날의 카페와 비슷한 곳은 **'다점'**이야. 귀족들이나 돈 많은 평민들이 돈이나 베를 내고 차를 사 마시고, 잠시 쉬어 갔다고 해.

> 💡 차 문화가 유행하면서 찻잔과 찻주전자 등 다기도 인기를 끌었어. 당시 귀족들이 좋아하는 다기는 중국에서 수입한 청자였는데 너무 비싸고 구하기 어려웠지. 그래서 고려의 도공들이 청자를 만들기 시작했어. 중국의 청자 못지않게 아름다운 고려청자를 만들어냈지.

고려에는 어떤 축제가 있었을까?

축제 좋아하니? 축제에는 언제나 먹거리와 볼거리가 풍성해서 눈이 즐겁지. 고려에서도 일 년에 두 번 성대한 축제가 열렸어. 나라에서 주최한 연등회와 팔관회인데, 왕건이 꼭 지키라고 당부할 만큼 중요한 행사였어. 어떤 축제였을까?

연등회는 매년 2월 보름에 열렸어.
신라 시대부터 시작된 불교 행사인데, 고려에 들어서 나라의 명절로 자리 잡았어.
연등회 날이 되면 왕과 신하들은 함께 공연을 보고, 절에 가서 제사를 지냈어. 이때 화려한 왕의 행차는 백성들에게 큰 구경거리였어. 밤이 되면 사람들이 거리마다 연등을 밝히고, 부처님께 복을 빌었어.

> **연등** : 연등은 연꽃 모양의 등이야. 불교 신도들은 연등을 환하게 밝히고 부처님께 소원을 빌어.

팔관회는 가을에 열리는 행사야. 원래는 불교의 행사였지만, 고려에서는 하늘, 산, 강, 용 등 부처 이외의 다른 신에게 제사를 지내는 것으로 바뀌었어.

팔관회 때는 개경과 지방의 높은 관리들이 왕에게 축하의 글을 올렸어. 송나라, 여진, 탐라 등 외국의 사신들이 와서 선물을 바쳤고, 고려의 왕도 답례로 선물을 주었어. 주요 행사들이 끝나면 왕과 신하들, 외국 사신들이 모여 춤과 노래 등을 즐겼어. 백성들도 나라의 여러 행사들을 구경하며 축제를 즐겼어.

고려에서는 왜 연등회와 팔관회를 열었을까? 모두가 즐기는 축제를 통해 왕과 신하들, 백성들의 마음을 하나로 모아 나라를 튼튼히 하려는 뜻이었어.

고려에서는 딸과 아들을 차별하지 않았다고?

고려 시대 048

아들딸 차별한다는 말 들어 보았니? 지금이야 남녀평등이 당연한 개념이지만 옛날에는 아들을 더 귀하게 여겼어. 유교 사상이 중심이었던 조선 시대 중기 이후에는 더욱 심했지. 그런데 고려는 좀 달랐어. 어떤 점이 달랐을까?

고려 시대에도 여자들이 사회에 진출하여 활동하기는 어려웠어. 그래도 가정에서는 꽤 평등한 대우를 받았어.
고려의 여자들은 결혼하면 친정이나 그 근처에서 사는 경우가 많았어. 시댁으로 들어가 시집살이를 하는 문화는 조선 중기 이후에 생긴 거야.
여자들은 결혼 전에 부모에게 받은 재산을 결혼한 뒤에도 자신이 관리했어. 이혼도 할 수 있었고, 이혼할 때는 자기 재산을 가지고 나왔지. 재혼도 비교적 자유로웠어.

자식이 태어나면 족보에 자식의 이름을 태어난 순서대로 적었어. 아들의 이름을 먼저 적고 딸의 이름을 나중에 적는 것도 유교를 중요하게 여기던 조선 중기 이후의 문화야.
부모가 돌아가시면 아들과 딸은 재산을 똑같이 나누어 가졌어. 부모의 제사도 아들 딸 상관없이 번갈아 가면서 지냈어.

고려 시대 049 고려의 수도를 두고 일어난 싸움?

고려의 수도는 개경이었지만 서경(지금의 평양)도 매우 중요한 도시로 여겼어. 고려 인종 때 묘청이라는 승려는 서경으로 수도를 옮겨야 한다고 주장하기도 했지. 묘청은 왜 서경으로 수도를 옮기자고 했을까?

인종 때 정치 상황은 매우 좋지 않았어. 나라 안에서는 왕의 외할아버지가 일으킨 반란이 겨우 진압되었고, 나라 밖에서는 여진족이 세운 금나라가 고려를 위협했지. 그때 서경 출신의 승려 묘청이 풍수지리설을 내세우며 주장했어.
"개경의 기운이 다 떨어져서 자꾸 나쁜 일이 생깁니다. 서경으로 수도를 옮기면 문제가 해결될 것입니다."
인종은 귀가 솔깃했어.

개경파와 서경파는 치열하게 다투었는데, 결국 개경파가 이겼어. 하지만 묘청은 포기하지 않았어.
"그렇다면 내가 서경에 나라를 세울 테다. 나라 이름은 '대위'로 한다."
묘청이 서경에서 난을 일으키자 많은 서경 세력들이 묘청을 따랐어. 하지만 묘청의 난은 1년 만에 실패로 막을 내렸어. 중앙의 군대를 이끌고 온 김부식에게 진압됐거든. 묘청의 난 이후 서경 세력은 사라지고 개경파였던 문벌의 힘은 더욱 커졌어.

고려의 내시는 우리가 아는 내시가 아니라고?

고려 시대 050

'내시'라고 하면 궁궐에서 왕의 심부름을 하는 신하가 떠오르지? 생식기를 잘라 자식을 낳을 수 없는 남자 신하 말이야. 그런데 고려에서는 이런 사람을 내시가 아니라 환관이라고 불렀어. 무슨 뜻이냐고?

고려에서 **'내시'**는 왕을 가까이에서 모시는 뛰어난 신라야. 과거 합격자 중에서 성적이 높거나 가문이 좋거나 용모가 뛰어난 사람을 내시로 뽑았어.

궁궐에서 왕의 심부름을 하는 신하는 **'환관'**이라고 불렀어. 환관은 궁궐의 부엌살림을 관리하고, 청소를 하고, 왕의 시중을 드는 등의 심부름을 하였어.

환관 중에는 왕의 총애를 등에 업고 권세를 누리는 자도 있었어. 의종 때 정함이라는 환관은 궁궐 근처에 백 칸이 넘는 집을 짓고 수십 명의 노예를 부리고 살았어.

고려 말에는 환관과 내시가 거의 같은 뜻으로 쓰였어. 환관이 왕의 곁에 찰싹 붙어 정치며 외교에 온갖 참견을 하니 내시가 필요 없어진 거야.

조선 시대에는 고려의 환관과 같은 신하를 내시라고 불렀어.

고려 시대 051 고려의 무신들은 왜 문신들을 죽였을까?

고려 의종 때 무신들이 문신들을 죽이고 권력을 잡은 사건이 일어났어. 무신정변이라 불리는 이 끔찍한 일은 왜 일어났을까?

고려의 지배층은 **문벌**이야. 문벌은 대부분 유학을 공부하고 과거에 합격하여 높은 벼슬에 오른 문신 출신이야. **무신**은 과거로 뽑지 않았어. 무술 실력이 높은 이들을 뽑았기에, 신분이 낮거나 가난한 집안 출신도 많았어. 무신의 지휘관인 장군은 언제나 문신들이었어. 그래서 문신들은 무신들을 얕잡아보고 업신여겼어. 벼슬이 낮은 문신이 더 높은 벼슬의 무신을 무시하고 망신 주는 일도 있었어. 무신들의 불만은 점점 쌓여갔어. 그러다 의종 때 기어이 일이 터지고 말았어.

문신들의 횡포를 참다못한 무신들은 반란을 일으켰어. 무신들은 문신들을 싹 죽이고, 임금까지 갈아치웠어. 이때부터 100년 동안 고려는 무신들이 다스렸어. 이를 '**무신정권**'이라고 해.

왕을 네 번이나 갈아 치운 무신이 있다고?

무신정권은 약 100년 동안 이어졌어. 그중 60년은 최충헌과 그의 후손들이 정권을 차지했어. 특히 최충헌은 권력을 쥐고 있는 동안 무려 4명의 왕을 갈아 치웠대. 정말 그랬을까?

무신정권 초기에는 권력 다툼이 심했어. 권력을 차지하기 위해 서로 죽고 죽였어.

최충헌도 이의민을 죽이고 권력을 차지했어.
무신정권 최고 권력자가 된 최충헌은 자기 집안에 교정도감이라는 기관을 차려 놓고 제 입맛대로 정치를 하였어. 마음에 들지 않으면 왕도 가차 없이 내쫓았어. 그래서 최충헌이 권력을 잡고 있던 20여 년 동안 왕이 네 번이나 바뀐 거야. 최충헌은 개인 군대인 '도방'을 엄청나게 키웠어. 다른 무신을 죽이고 권력을 잡았기에 언제, 어디를 가든 도방의 군사들의 호위를 받으며 자신의 안전을 지켰어.
최충헌은 이렇게 지킨 권력을 아들 최우에게 물려주었고, 이후 4대 60년 동안 고려는 최씨 무신 정권이 다스렸어.

고려 시대 053 — 고려의 노비는 왜 봉기를 일으켰을까?

무신정권 시기에는 봉기가 자주 일어났어. 최충헌의 노비 만적도 봉기를 일으켰지. 무신정권기에는 왜 그렇게 봉기가 많이 일어났을까?

무신정권이 들어섰을 때 백성들은 이전보다 살기 좋아질 것이라고 기대했어. 하지만 무신들은 이전 지배층이었던 문벌들보다 더 했어. 땅을 빼앗고, 높은 세금을 걷는 등 백성들을 괴롭혔지.

참다못한 사람들은 봉기를 일으켰어. 특히 천민과 노비, 차별받는 마을에서 봉기가 많이 일어났어. 무신 정권기에는 천민 출신인데도 높은 자리에 오른 무신들이 있었어. 이전까지 신분 차별을 당연하게 받아들이던 사람들은 낮은 신분의 무신이 출세하는 것을 보고 신분이 바뀔 수 있다는 생각이 들었어.

고려 반란 지도
- 조위총 (1174)
- 만적 (1198)
- 망이·망소이 (1176)
- 전주 관노 (1182)
- 이연년 형제 (1237)
- 이비·패좌 (1202)
- 효심 (1193)
- 김사미 (1193)
- 광명·계발 (1200)
- ● 주요 봉기지
- • 봉기지

무신정권의 최고 권력자인 최충헌의 노비 만적도 그랬어. 만적은 "태어날 때부터 재상과 장군이 될 사람이 정해져 있단 말이오? 우리도 재상이고 장군이고 다 될 수 있소."라고 주장하며 자신과 뜻을 같이 할 노비들을 모았어.

> 모월 모일 흥국사에서 모입시다. 이 종이는 우리가 동지라는 표식이오. 노비 문서를 모조리 불태워 천인이 없는 세상을 만듭시다.

> 좋소이다. 우리라고 뼈 빠지게 일만 하며 살란 법은 없지!

좋소! 좋소!

만적의 계획은 실패했어. 한 노비가 겁을 먹고 주인에게 모든 계획을 털어놓고 말았거든. 최충헌은 만적의 난에 참여한 노비들을 모두 잡아 강물에 던져 버렸어.

고려 시대 054 고려는 왜 강화도로 수도를 옮겼을까?

최충헌의 아들 최우는 고려의 수도를 강화도로 옮겼어. 최우는 갑자기 왜 강화도로 들어갔을까?

최우가 권력을 잡고 있을 때 몽골군이 고려에 쳐들어왔어. 고려는 몽골군의 상대가 되지 않았어. 하는 수 없이 <u>강화</u>를 청했지. 몽골은 고려를 감시하기 위한 관리와 군대를 남겨두고 일단 떠났어.
  전투를 그치고 평화로운 상태가 됨

몽골군이 물러나자 최우는 강화도에 궁궐을 짓고 수도를 옮기자고 하였어. 몽골군은 바다에 약하니 강화도로 가서 끝까지 싸우자고 했지.
반대하는 신하들도 있었지만 최우는 강화도를 고집했어. 몽골과 끝까지 싸워 나라를 지킬 생각이었냐고? 사실은 몽골에 항복하면 자신의 권력이 약해질까 봐 염려한 거야.

왕과 최씨 무신정권이 강화도에 있는 동안, 몽골군은 여러 차례 쳐들어왔어. 백성들은 온몸으로 전쟁을 치러야 했지. 그런데도 왕과 권력자들은 강화도에서 사치스러운 생활을 이어갔단다.
몽골은 약 30년 동안 고려를 철저하게 짓밟았어. 결국 고려는 몽골에게 항복을 했고, 1270년 고려 왕실은 개경으로 돌아왔어. 기나긴 무신정권도 그렇게 끝이 났어.

고려 시대 055

고려는 왜 전쟁 중에 팔만대장경을 만들었을까?

대장경이란 부처님의 가르침을 담은 여러 경전을 모은 거야. 고려는 거란의 침입 때 초조대장경을 만들었어. 몽골의 침입 때 또 팔만대장경을 만들었지. 힘겨운 전쟁을 치르면서 왜 대장경을 만들었을까?

불교 국가였던 고려는 부처님의 힘으로 나라를 지키고자 큰 전쟁이 났을 때 대장경을 만들었어. 거란의 침입을 막아달라는 소원을 담은 초조대장경은 몽골이 침입했을 때 불에 타고 말았어. 고려는 몽골을 물리치기 위해 또다시 대장경을 만들었어. 1236년부터 1251년까지 무려 8년 동안 팔만 개가 넘는 목판에 불경을 새겼어. 이것이 **팔만대장경**이야.
팔만대장경은 현재 합천 해인사의 장경판전에 보관되어 있어.

팔만대장경은 나무판을 파서 글자를 하나하나 새겨 만들어. 고려의 목판인쇄술이 얼마나 뛰어났는지 보여 주고 있어.

💡 **초조본 대보적경 권59**
초조대장경은 불에 타서 없어졌지만 인쇄물은 몇 장 남아 있어.

삼국사기와 삼국유사는 무엇이 다를까?

<삼국사기>와 <삼국유사>는 고려 시대에 쓴 삼국의 역사책이야. 삼국 시대부터 왕건이 고려를 통일하기 전까지의 역사를 썼어. 그런데 두 책의 내용은 많이 달라. 어떤 점이 다를까?

<삼국사기>는 현재 남아 있는 삼국의 역사책 중 가장 오래되었어. 김부식이 왕의 명령을 받고 8명의 젊은 학자들과 함께 썼어.

김부식은 <삼국사기>에 공식적인 역사만 기록했어. 주로 왕과 정치 이야기만 썼지. 고려가 신라를 이어받았다고 생각했기 때문에 고구려나 백제보다 신라를 중심으로 기록하였어.

<삼국유사>는 <삼국사기>보다 130여 년 뒤, 승려 일연이 쓴 책이야.
일연은 몽골의 침략으로 괴로웠던 백성들에게 힘을 주고 고려의 자부심을 되찾고 싶은 마음으로 <삼국유사>를 썼어.

<삼국유사>에는 옛날부터 전해 오던 전설, 신화, 민담 등이 담겨 있어. 우리가 아는 재미있는 삼국 이야기들은 대부분 <삼국유사>에서 나왔어. 단군 신화, 호동왕자와 낙랑공주, 서동요에 얽힌 이야기 등은 모두 삼국유사 속 이야기야.

고려의 왕은 왜 원나라 공주와 결혼했을까?

고려 시대 057

원나라는 몽골의 바뀐 이름이야. 전쟁이 끝난 후에도 원나라는 계속 고려를 간섭했어. 고려의 세자를 원나라에 데려가 교육시키고, 원나라 공주와 결혼도 시켰어. 힘없는 고려는 어쩔 수 없이 따랐겠지?

원나라 공주와 결혼한 왕은 모두 다섯 명이야.

결혼 이후 고려에 온 원나라 공주들은 원나라 황실을 믿고 제멋대로 행동하였어. 왕은 물론이고 고려 왕실 전체가 원나라 공주의 눈치를 보아야 했지.

원나라는 사위가 원나라에 충성하라며, 고려 왕의 이름에 **'충'** 자를 넣게 했어. 그리고 고려 왕실의 모든 호칭을 한 단계 낮추었어. 고려 왕은 본래 스스로 황제로 불렀는데 이때부터는 원나라 황제보다 낮은 왕으로 불러야 했어.

고려 시대 058 고려 말에 유행하는 원나라의 풍속은?

몽골과의 전쟁이 끝난 뒤, 고려는 원나라의 간섭을 받았어. 고려 왕과 결혼한 원나라 공주를 비롯하여 많은 원나라 사람들이 고려에 들어와 살았어. 그러다 보니 고려에는 원나라의 풍속이 유행했어. 어떤 풍속이 들어왔을까?

고려에 유행한 원나라의 풍속을 몽골풍이라고 해.

몽골 공주와 결혼한 고려의 왕은 몽골의 머리 모양인 변발을 하고 원나라 전통 복장을 입고 왔어. 원나라에 잘 보이려는 고려의 신하들도 변발을 하였어.

남자들은 변발을 하였어.

원나라에 잘 보여야 해.

고려에 온 원나라 공주와 함께 온 사람들, 원나라와 가까이 지내며 출세하려는 사람들은 고려에서도 몽골어를 썼어. 몽골어는 지금까지 우리 말에 흔적을 남기고 있어.

수라 : 임금의 식사

마마 : 왕실의 높은 사람

무수리 : 궁궐에서 청소 등을 하는 시녀

-치 : 사람을 얕잡아 부르는 말(장사치, 벼슬아치)

고려 시대 059 공민왕의 개혁 정치는 성공했을까?

공민왕이 왕위에 오를 무렵 원나라의 힘이 약해지고 있었어. 공민왕은 이 틈을 타 원나라의 간섭에서 벗어나기 위한 개혁 정치를 펼쳤어. 어떤 내용이 있었을까?

공민왕은 원나라의 영향에서 벗어나 고려의 전통을 되살렸어.

몽골식 머리 모양과 몽골 옷을 금지했어.

원나라에서 고려 정치를 간섭하던 관청인 정동행성을 없앴어.

원나라에 빼앗긴 쌍성총관부를 되찾았어.

'충○왕'의 칭호를 거부하고, 이전에 '충○왕'으로 붙여진 왕들의 이름도 새로 지어 주었어.

왕권을 강화하여 새로운 정치를 펼쳤어.

원나라를 등에 업은 권문세족을 쫓아냈어.

과거제를 통해 성리학을 공부한 새로운 인재를 뽑았어. 이들을 신진사대부라고 해.

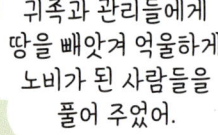

귀족과 관리들에게 땅을 빼앗겨 억울하게 노비가 된 사람들을 풀어 주었어.

공민왕의 개혁 정치는 결과적으로 실패했어. 공민왕이 죽은 뒤 20년도 지나지 않아 고려는 멸망했어. 하지만 공민왕이 뽑은 신진사대부들은 조선을 건국하는 주역이 되었어.

💡 **권문세족은 누구일까?**
원나라의 세력을 등에 업고 권력을 잡은 사람들을 권문세족이라고 해. 권문세족은 권력을 이용해 백성들의 땅을 빼앗고 강제로 노비로 만들었어. 세금을 내야 할 백성들이 권문세족의 노비가 되는 바람에 왕권은 더욱 약해졌지.

이성계는 왜 조선을 세웠을까?

조선 시대 060

이성계는 고려의 이름난 장군이었어. 최영 장군과 함께 홍건적과 왜구를 무찌르며 고려를 지켰지. 그러던 어느 날, 이성계는 고려에 충성을 멈추고 새 나라 조선을 세웠어. 왜 그랬을까?

공민왕이 죽은 뒤 고려는 다시 권문세족의 손에 들어갔어. 원나라의 간섭을 벗어나려던 공민왕이 없으니 권문세족들은 다시 원나라와 가깝게 지냈어.
그런데 이 시기의 중국에는 큰 변화가 있었어. 고려에 영향력을 행사하던 원나라가 약해지고 명나라가 새로 들어선 거야. 명나라는 고려에 온갖 요구를 하였어.

당시 고려의 우왕과 그의 충신이었던 최영은 명나라에 맞서야한다고 주장했어. 하지만 이성계는 반대했어.

그러나 우왕과 최영의 명령에 따라 이성계는 요동 정벌에 나서야 했어.
이성계는 고려 군사 5만 명을 이끌고 북쪽으로 올라가다가 압록강 하류인 위화도에서 결국 말머리를 돌렸어. 개경으로 돌아가 정권을 장악하고, 얼마 후인 1392년 **조선**을 세웠어. 조선이란 이름은 단군이 세운 우리나라 최초의 나라인 조선의 뒤를 잇겠다는 뜻에서 붙인 거야.

한양에는 궁궐이 다섯 곳이나 있다고?

조선 시대 061

태조 이성계는 조선을 세우고 한양을 수도로 삼았어. 한양 둘레에 성을 쌓고 경복궁을 지었지. 이후 창덕궁, 창경궁, 덕수궁, 경희궁이 더 들어서서 조선의 궁궐은 모두 다섯 곳이야. 이 궁궐들의 역사가 궁금하지 않니?

경복궁: 조선의 첫 궁궐이야. '조선이 오랫동안 큰 복을 누리기를 바란다'는 뜻으로 경복궁이라고 지었어. 경복궁의 정문은 광화문이고, 궁궐 한 가운데에는 근정전이 있어. 근정전에서는 즉위식 등 나라의 큰 행사를 치렀어. 경복궁은 임진왜란 때 불 탔다가 고종 대인 1868년 다시 지었어.

창덕궁: 태종 때 지은 조선의 두 번째 궁궐로 경복궁의 동쪽에 있어. 임진왜란 때 불에 탄 것을 광해군이 다시 지었어. 창덕궁 뒤쪽에 있는 아름다운 정원인 '후원'이 유명해.

창경궁: 왕실 가족이 늘어나 궁궐이 비좁아지자 성종 대에 창덕궁 동쪽에 새로 지은 궁궐이야.

경희궁: 광해군이 지은 궁궐인데, 정작 광해군을 내쫓은 인조가 살았어. 원래 이름은 경덕궁이었는데 나중에 경희궁으로 이름을 바꾸었어. 경희궁 숭정전에서는 경종, 정조, 헌종 세 임금이 즉위식을 올렸어.

경운궁: 임진왜란 때 한양의 궁궐이 모두 불타 버리자 피난을 갔다가 돌아온 선조가 임시로 지어 지내던 궁궐이야. 광해군 때 창덕궁을 다시 지은 뒤로는 오랫동안 비어 있었는데, 고종이 대한제국을 선포하고 황제로 지낸 궁궐이야. 순종 때 이름을 덕수궁으로 바꾸었어.

조선 시대 062 - 조선 시대에도 만우절이 있었다고?

4월 1일 만우절은 가벼운 거짓말로 서로 속이거나 장난치면서 즐기는 날이야. 서양에서 전해진 풍습이지. 그런데 날짜는 다르지만 조선 시대에도 만우절과 비슷한 풍습이 있었어. 언제였을까?

조선 시대의 만우절은 첫눈이 내리는 날이었어. 지금처럼 만우절이라는 이름이 있었던 건 아니야. 첫눈이 내리는 날에 장난으로 거짓말을 하며 상대를 놀리면, 속아 넘어간 사람이 한턱을 내는 풍습이었어.

조선 시대에는 첫눈이 많이 오면 풍년이 든다고 생각해 왕과 신하들이 모여 축하 행사를 열기도 했어. 이렇게 즐거운 날이니, 첫눈 오는 날만큼은 궁궐 사람들이 왕에게 가벼운 거짓말을 해도 용서해 주었지.

<조선왕조실록>에는 세종 때 왕위에서 물러나 쉬고 있던 태종과 정종이 첫눈 오는 날 장난을 친 이야기가 적혀 있단다.

조선 시대에도 신분증이 있었을까?

조선 시대 063

오늘날 주민등록증과 같은 신분증이 조선에도 있었어. 바로 '호패'라는 물건이야. 호패는 오늘날의 신분증과 무엇이 다를까?

'호패'는 이름이 적힌 패라는 뜻이야. 16세 이상의 남자라면 왕실에서부터 노비에 이르기까지 모두 지니고 다녀야 하는 조선의 신분증이었어.

호패에는 이름과 사는 곳, 나이 등이 적혀 있었어. 관리들은 관직을, 군인들은 소속 부대를 적고, 백성들은 얼굴빛과 수염이 있는지 없는지를 적었어. 노비는 키와 주인의 이름까지 자세히 적어 두었어.

신분이 낮을수록 호패에 더 자세한 내용을 적었어. 평민들이 세금을 내지 않고 도망치거나, 노비들이 주인에게서 도망쳤을 때 모습을 구별하기 위해서였지. 오늘날 신분증의 사진 대신에 말이야.

나라에서는 호패를 통해 인구를 샅샅이 조사하여 군대에 갈 사람, 세금을 낼 사람을 정확히 파악하고자 했어. 그래서 호패를 지니지 않은 사람에게는 벌을 주었어. 하지만 군역과 세금이 부담스러웠던 백성들은 호패를 갖지 않으려고 등록을 미루거나 피했어.

평민들은 대부분 나무로 만들어 썼어.

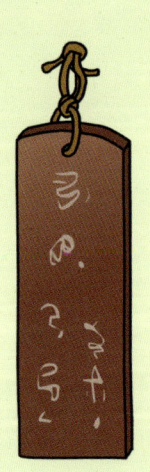

양반들은 호패를 상아나 사슴뿔 등의 귀한 재료로 만들었어.

두 번이나 유배를 간 골칫덩이 동물은?

조선 시대 064

유배는 죄인을 서울에서 멀리 떨어진 외딴곳으로 보내 가두어 두는 벌이야. 큰 죄를 지은 신하들에게 주는 벌이야. 그런데 조선에는 두 번이나 유배를 간 동물이 있었어. 어떤 동물이었을까?

바로 코끼리였어. 태종 때, 일본 국왕이 코끼리를 선물로 보냈어. 덩치 큰 코끼리는 하루에 콩을 4, 5 말씩 먹어 치우는 바람에 골칫거리가 되었어.

그것도 모자라 코끼리를 놀리며 구경하던 공조판서를 밟아 죽이기까지 했어. 이에 태종은 코끼리를 머나먼 섬으로 유배를 보냈어. 코끼리는 섬에서 먹이가 부족하여 살이 빠지고 눈물을 흘리며 지냈어. 태종은 6개월 만에 코끼리를 다시 육지로 옮겨 키우게 했어. 코끼리 먹이가 부담이 되자 여러 도에서 번갈아 가며 돌보게 하였지.
그런데 세종 때 먹이를 주는 사람이 또 코끼리의 발길에 차여 죽었어. 먹이가 부족했던 코끼리가 허기가 져서 난폭해진 거야. 결국 코끼리는 다시 섬으로 유배를 가게 되었어.

한글의 원래 이름은 한글이 아니라고?

조선 시대 065

한글은 만들어졌을 때부터 여러 개의 다른 이름으로 불렸어. 한글을 어떤 이름으로 불렀는지에 따라 당시 사람들이 한글을 어떻게 생각했는지 짐작할 수 있어. 사람들은 한글을 무엇이라고 불렀을까?

세종대왕이 한글을 처음 만들었을 때 한글의 이름은 **'훈민정음(訓民正音)'**이었어. 훈민정음은 '백성을 가르치는 바른 소리'라는 뜻이야. 백성들을 생각하는 세종대왕의 마음이 느껴지지?

양반들은 한자가 아닌 글자를 사용하는 것도, 백성이 글자를 배워 지식을 얻는 것도 못마땅했어. 그래서 한글을 백성들이 일상적으로 쓰는 글이라는 뜻에서 '언문(諺文)'이라고 불렀어. 양반집 여성들이나 궁녀들이 편지나 일기를 쓸 때 주로 쓰는 글이라며 한글을 '암글'이라고 낮잡아 부르는 양반들도 있었어. 하지만 시간이 지날수록 배우기 쉽고 쓰기 편한 한글을 사용하는 백성은 점차 늘어났어.

대한제국 시기에는 한글을 '나라의 글'이란 뜻으로 '국문'이라고 부르다 일제강점기 때부터 '한글'이라는 이름으로 불리고 있어. 국어학자 주시경이 우리 글에 '한글'이라는 이름을 처음 붙였어.

| 조선 시대 066 |

조선에도 소방서가 있었다고?

옛날에는 주로 나무나 짚으로 집을 짓기 때문에 화재가 나면 피해가 막심했어. 그래서 불이 나기 전에 미리 예방에 힘썼어. 조선 시대에도 오늘날 소방서처럼 화재 대비를 하는 곳이 있었어. 어떤 곳이었을까?

세종 때 한양에 큰 화재가 발생해 2,000여 호의 집이 잿더미로 변해버린 일이 있었어. 이 일로 세종은 오늘날의 소방서와 비슷한 **'금화도감'**이라는 관청을 만들었어.

금화도감은 화재를 미리 막는 일을 했어. 큰불이 났을 때 번지지 않도록 미리 담장을 설치하고, 불을 끌 도구를 마을마다 갖추도록 했지. 또 우물이 부족한 지역은 다섯 집마다 한 개씩 물독을 준비해 불을 끌 물을 담아두도록 했어.

요즘의 소방서처럼 빨간 소방차는 없었기 때문에 불이 나면 온 마을 사람들과 관리들이 모두 힘을 합쳐 불을 껐어. 만약 화재로 어려움에 처한 사람이 생기면 금화도감에서 당분간 먹고 살 곡식과 살림살이를 주기도 했지.

금화군 : 금화도감에서 불을 끄던 금화군은 임시직으로 불이 날 때만 소집되어 일을 했어.
망루의 멸화군 : 세조 때에는 상설 소방 부대인 멸화군이 생겼어.

멸화군은 금화군보다 좀 더 체계적인 소방 장비와 감시 체계를 갖추었어.

조선 시대 067
세종대왕은 자기 이름이 세종인 걸 모른다고?

조선 시대 왕들은 오늘날 태조, 세종, 영조 등 조 또는 종으로 끝나는 이름으로 불리고 있어. 하지만, 정작 조선의 왕들은 이런 자신의 이름을 한 번도 들은 적이 없어. 왜 그럴까?

바로 조 또는 종으로 끝나는 이름은 왕이 세상을 떠난 다음 종묘에 모실 때 붙이는 '**묘호**'이기 때문이야. 나라를 세운 태조, 임진왜란을 이겨 낸 선조처럼 '공'이 있는 왕은 묘호에 '**조**'를 붙였어. 그리고 나라를 잘 다스리고 업적이 많은 덕이 있는 왕은 묘호에 '**종**'을 붙였어. 태종, 세종, 성종처럼 말이야. 그러니까 세종대왕은 '세종'이라는 자신의 이름을 들어본 적이 없었어.

그럼, 살아있을 때는 왕을 무엇이라고 불렀을까? 왕자 시절에는 충녕대군, 연잉군처럼 출신에 따라 '**대군**' 또는 '**군**'이 붙는 군호로 불렸어. 왕위에 오르면 누구도 함부로 왕의 이름을 부를 수 없기 때문에 '전하' 또는 '상감마마'라 불렀어.

종묘는 조선 시대 왕들의 위패를 모셔 놓고 제사를 지내는 곳이야.

잘못을 저질러 임금의 자리에서 도중에 쫓겨난 왕은 묘호를 받지 못해 왕자 시절 이름으로 그대로 '군'으로 불려.

조선 시대 068
성종이 신하에게 후추를 선물한 까닭은?

다들 집에 후추 하나쯤 있지? 조선에서는 후추가 매우 비싼 식재료이자 약재였어. 조선 땅에서는 자라지 않았거든. 그런데 성종은 이 귀한 후추를 신하들에게 마구 나누어 주었대. 성종은 왜 후추를 선물했을까?

성종은 후추를 조선에서 직접 키워야겠다고 마음먹었어. 그러면 백성들이 귀한 재료를 쉽게 구할 수 있고, 후추 무역으로 조선이 돈을 많이 벌 수 있다고 생각했지. 이 무렵 유럽 사람들은 후추를 구하기 위해 배를 타고 먼 바다로 나가 새로운 대륙을 발견할 정도였으니까.

성종은 주변 여러 나라의 사신이나 상인들에게 씨앗으로 사용할 후추를 구해달라고 부탁했어. 그러자 조선의 왕이 후추를 좋아한다고 소문이 퍼져 이웃 나라에서 선물로 후추를 가져올 정도가 되었지. 덕분에 후추가 많이 쌓였지만, 씨앗으로 쓸 수는 없었어. 후추의 원산지인 인도에서 후추를 팔 때 삶아서 보냈기 때문이야. 다른 나라에서 후추를 키우지 못 하게 하려고 말이야.

후추

이 사실을 안 성종은 매우 실망했어. 성종은 쌓여 있던 후추를 예쁜 주머니에 담아 상으로 내리거나 신하들에게 선물로 나누어 주었어.

씨앗이 아니니 키울 수가 없구나. 나눠 가지도록 하라.

과거 시험에 아홉 번 장원급제한 조선 시대의 천재는?

조선 시대 069

과거 시험은 관리를 뽑기 위해 치렀던 시험이야. 한 번 붙기도 어려운 이 시험에 1등으로 합격하는 장원급제를 무려 아홉 번이나 한 사람이 있었어. 사람들을 놀라게 한 조선 시대의 천재는 과연 누구였을까?

바로 **율곡 이이**야.
이이는 신사임당의 아들로 일찍이 어머니에게 학문을 배웠어. 세 살 때 글을 깨우칠 정도로 총명했고, 열세 살에 처음 진사 시험에서 장원으로 합격했어. 어찌나 똑똑했던지 진사과, 생원과, 대과, 별시 등의 과거 시험에 아홉 번이나 장원급제를 했어.

이이는 대사헌, 대제학, 병조판서 등 높은 벼슬을 지내며 여러 가지 사회 개혁을 추진하고, 학문 연구에도 힘썼어. 특히 퇴계 이황과 함께 조선의 대학자로 널리 이름을 알렸어.

조선 시대 070 — 조선 시대 왕의 하루는 어땠을까?

왕이 되고 싶었던 적 있어? 우리는 무엇이든지 내 마음대로 하고 싶을 때 '왕이 되고 싶다'고 생각해. 그런데 조선의 왕이 어떻게 생활했는지 알게 되면 생각이 좀 달라질걸! 왕의 하루는 생각보다 바쁘고 힘들었거든.

왕은 오전 5시에 일어나 저녁 11시에야 잠들 수 있었어. 왕실 어른들께 문안 인사를 드리는 것으로 시작하여 하루 종일 공부하고 일만 했어. 정말 빡빡한 일정이었지?

왕이 처리해야 할 일은 만 가지나 될 정도로 많다고 해서 '만기'라 불렀어.

오전에는 신하들에게 업무를 보고받거나 일을 처리하고, 오후에는 찾아오는 방문객들을 만났어. 틈틈이 개인 공부를 하고, 여러 행사나 국가 제례에도 참석했지.

밤이 되어도 맘 편히 쉬기는 힘들었어. 책을 읽고, 밀린 업무를 처리하고, 왕비와 후궁들도 챙겨야 했지. 조정의 일 못지않게 대를 이을 왕손의 출산도 중요했거든.

왕이 쉴 수 있는 날은 높은 벼슬의 신하가 죽었을 때나 명절뿐이었다고 해.

임금을 늘 따라다니던 파파라치 신하?

조선 시대에는 임금을 늘 따라다니며 말과 행동을 낱낱이 기록하는 파파라치 같은 신하가 있었어. 아주 비밀스럽고 사소한 일까지 빠짐없이 기록해서 왕들은 때때로 이 신하를 불편하게 여겼다고 해. 그 신하는 누구였을까?

바로 **사관**이야.
사관은 궁궐에서 임금과 신하, 나랏일 등과 관련된 모든 내용을 보고 들으며 기록했어. 높은 지위는 아니었지만, 역사를 사실적으로 기록하기 위해 임금조차 사관이 적은 기록을 마음대로 보거나 고칠 수 없었어. 누구의 간섭도 받지 않고 독립적으로 자신들의 역할을 했지.

사관들이 기록한 것을 **사초**라고 하는데, 객관적 사실과 비밀스러운 사건, 그리고 왕과 인물에 대한 평가까지도 적어 두었어. 사초는 사관 외에는 보지 못하도록 잘 보관해 두었어. 왕이 세상을 떠나면 그 뒤에야 그 왕의 실록을 만들기 시작했지. 사초는 실록을 만드는데 바탕이 되는 가장 중요한 자료였어. 왕들은 자신이 역사에 어떤 기록으로 남을지 두려워했어.

조선 시대 072   조선에는 인기 많은 도둑이 있었다고?

도적은 남의 물건을 훔치는 나쁜 사람이지. 그런데 조선에는 백성들에게 인기 많은 유명한 도둑이 있었어. 어떤 도둑이길래 좋아한 걸까?

바로 조선 시대에 유명했던 도둑은 **임꺽정**과 **장길산**이야.

이들은 원래 평범한 백성이었는데 부패한 양반들과 탐관오리들의 횡포 때문에 굶주리다 도적이 되었어. 이들은 주로 나쁜 양반들의 재물을 빼앗아 가난한 백성들과 나누어 가졌어. 그래서 백성들은 그들을 의로운 도적, **'의적'**이라고 불렀어.

임꺽정은 황해도 구월산을 중심으로 활동했어. 임꺽정은 천대를 받던 백정 출신이었지만 농민, 상인, 노비 등 다양한 신분의 사람들이 임꺽정을 따랐어. 임꺽정의 도적 떼는 단순한 도적이 아니라 거의 반란의 규모였어. 하지만 결국 토벌대에 잡혀 죽고 말았어.

장길산은 임꺽정보다 훨씬 후대의 사람이야. 광대 출신으로 임꺽정과 같은 지역에서 활동했어. 임꺽정과 달리 끝까지 잡히지 않고 사라져 버렸다고 해.
조선의 인기 있는 의적들의 이야기는 나중에 소설로 재탄생했어.

일제강점기에 작가 홍명희는 장편 역사 소설 〈임꺽정〉을 발표했어.

〈장길산〉도 대하 역사 소설로 작가 황석영이 1974년에 발표했지.

마패는 암행어사만 가졌던 게 아니라고?

<춘향전>에서는 암행어사가 마패를 자랑스럽게 내밀며 '암행어사 출두요!'하고 외치는 장면이 나와. 마패를 암행어사의 증명서처럼 사용한 거야. 그런데 마패는 암행어사만 가졌던 것이 아니야. 마패는 언제 또 누가 사용했을까?

마패가 암행어사의 증표이기는 했지만, 암행어사만이 지닐 수 있었던 것은 아니야. 마패는 <u>역참</u>에서 말을 사용할 수 있는 증명서거든.

중앙과 지방 사이에 설치된 교통 통신 기관

조선 시대 관리들이 나랏일로 이동할 때는 곳곳에 설치된 역참에서 말을 얻거나 갈아타며 여행을 했거든. 그래서 마패는 암행어사뿐 아니라 나랏일을 하는 다른 관리들도 사용했어.

마패의 한쪽에는 말을 새겼고, 다른 한쪽에는 나라에서 발급했다는 것을 증명하는 글과 도장을 새겨 넣었어. 마패는 일의 긴급함이나 중요도에 따라 말의 개수가 다르게 새겨졌는데, 그 수만큼 역참에서 말을 사용할 수 있었어.

암행어사 출두야!

마패로 역졸들도 부리거나 암행어사의 도장처럼 사용할 수도 있어.

조선 시대 074 — 벌레 먹은 나뭇잎 때문에 죽은 신하는?

중종 때의 일이었어. 어느 후궁이 왕에게 벌레 먹은 나뭇잎을 내밀었지. 그 나뭇잎을 본 왕은 대사헌이라는 높은 지위에 있던 관리에 사약을 내렸어. 나뭇잎 하나로 죽게 된 신하는 누구였을까? 왕은 왜 그 신하를 죽였을까?

중종은 폭군 연산군을 내쫓고 왕이 되었어. 하지만 왕위에 오른 뒤에도 마음껏 정치를 펼칠 수 없었어. 자신을 왕위에 앉힌 기세등등한 신하들의 눈치를 봐야 했기 때문이야. 이 신하들은 조선을 세울 때 공을 세운 신하들의 후손들로 **훈구파**라고 불러. 훈구파는 막강한 권력을 휘두르고 있어서 왕도 함부로 할 수 없었지.

훈구파를 못마땅하게 여기며 개혁하려는 신하들이 있었는데 그들을 **사림파**라고 불러. 조광조는 사림파의 대표적인 인물이었어.

훈구파는 조광조를 없애기 위해 계획을 세웠어. 나뭇잎에 꿀로 '주초위왕(走肖爲王)'이라고 써서 벌레가 갉아 먹게 했지. 그리고 주(走)와 초(肖)를 합하면 조(趙)가 되니 주초위왕이란 '조 씨가 왕이 된다'는 뜻이라고 모함했어.

이를 본 중종은 조광조가 반역을 꾀한다고 의심했고 결국, 사약을 내렸어. 조광조를 따르는 사람들도 죽거나 귀양을 가게 되었어.

임진왜란에서 조선을 구한 영웅은?

임진왜란이 일어났을 때, 전쟁에 대한 대비를 하지 못했던 조선은 패배를 거듭하며 큰 위기를 맞았어. 조선은 이 위기를 어떻게 극복했을까?

1592년 왜군이 부산 앞바다로 몰려와 임진왜란이 시작되었어. 신식 무기인 조총으로 무장한 왜군은 단숨에 부산진성을 함락시키고 북쪽으로 돌진했어.

당시 임금이었던 선조는 서둘러 피난을 떠났고, 왜군은 텅 빈 한양을 점령하고 평양성까지 차지했어. 조선은 그대로 무너져도 하나도 이상할 게 없었어.

그러면 위기에 빠진 조선은 누가 지켰을까? 전국에서 **의병**이 일어나 왜군과 싸웠어. 조선 백성들은 양반, 농민, 승려 가리지 않고 의병이 되어 끝까지 싸웠어.

정문부
사명대사
조헌
곽재우
고경명
이순신

바다에서는 **이순신** 장군이 이끄는 수군이 왜군을 격파했어. 특히 왜군이 식량과 무기를 옮기는 바닷길을 막아 버린 한산도 대첩 이후 육지에 있던 왜군의 사기가 크게 떨어졌어.

임진왜란은 무려 7년이나 계속되며 조선의 백성들을 고통에 빠트렸어. 하지만 온 백성이 한마음으로 싸운 덕분에 일본으로부터 나라를 지켜낼 수 있었어.

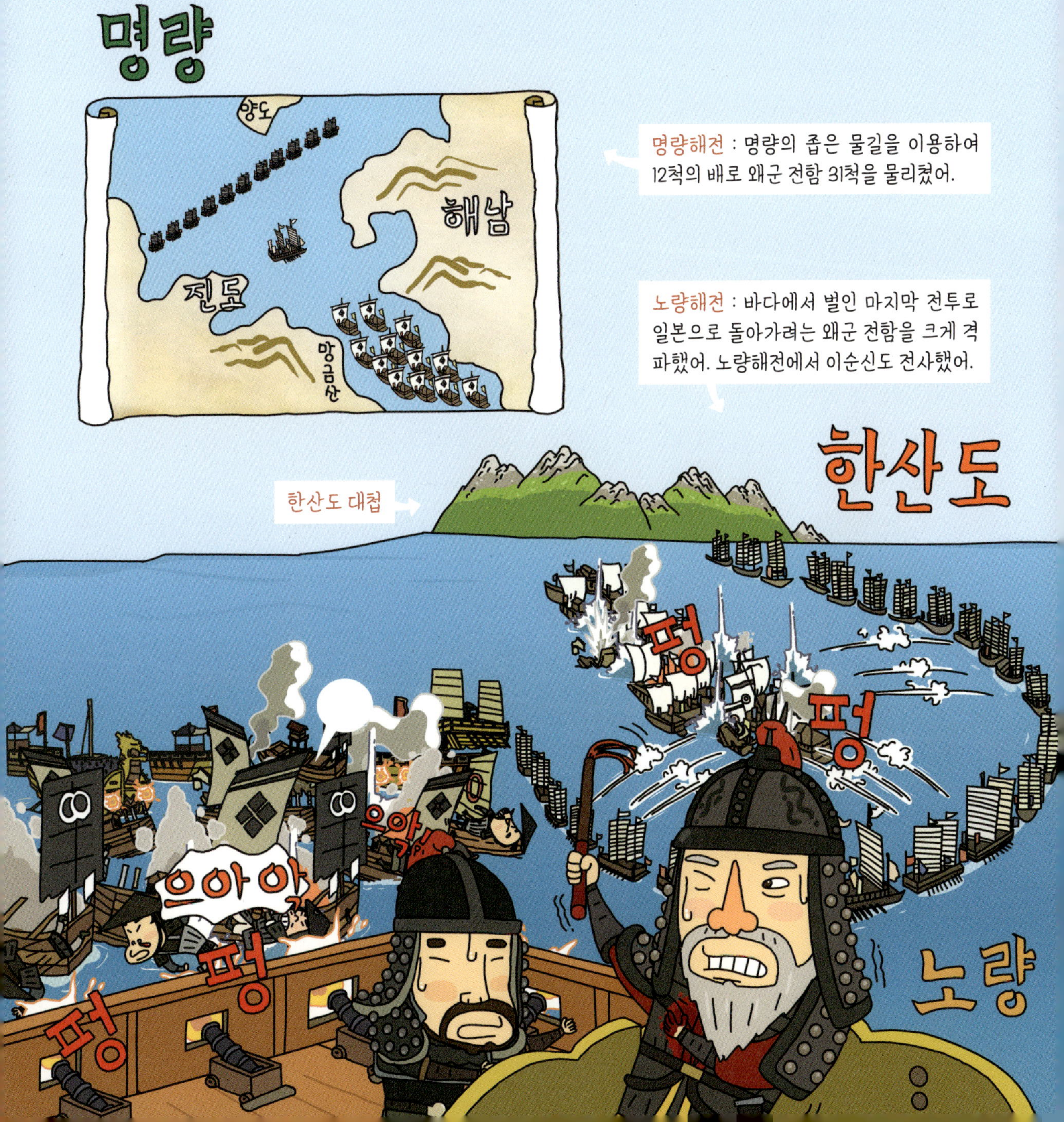

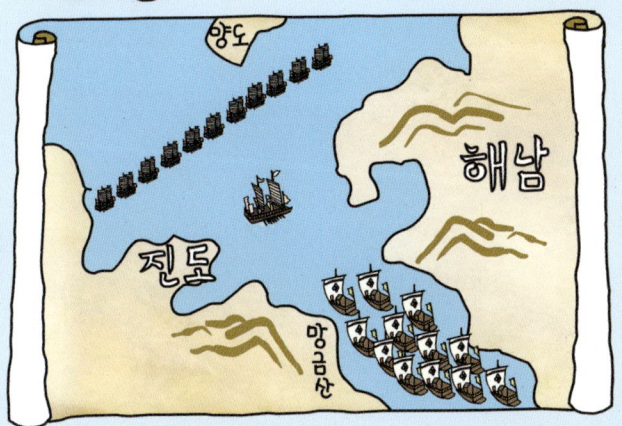

명량해전 : 명량의 좁은 물길을 이용하여 12척의 배로 왜군 전함 31척을 물리쳤어.

노량해전 : 바다에서 벌인 마지막 전투로 일본으로 돌아가려는 왜군 전함을 크게 격파했어. 노량해전에서 이순신도 전사했어.

조선 시대 076 — 조선 백성이 된 최초의 서양인은?

서양 사람을 한 명 보기도 힘들었던 조선 시대에 우리나라에 와서 과거 시험도 보고 전쟁에도 나간 서양인이 있었어. 그 사람은 어떻게 해서 조선 사람이 되었을까?

15세기 무렵, 유럽의 여러 나라들은 커다란 배를 타고 중국과 일본으로 와서 무역을 했어. 그런데 일본으로 가던 배들이 가끔 길을 잃어 조선에 상륙했어.

조선에서는 그동안 우리나라에 온 서양인들을 명나라를 통해 본국으로 돌려보냈어. 그런데 1627년 인조 때 제주도에 표류한 네덜란드인들을 명나라에서 받아 주지 않았어. 원래 목적지였던 일본에서도 받아주지 않았지.

결국 네덜란드인들은 조선에 살게 되었어. 대포를 만들 줄 알아 훈련도감에 근무하기도 했고, 병자호란에 참여해 전투를 치르기도 했지. 그들 중 둘은 전쟁 때 죽고, 벨테브레이라는 사람만 살아남았어.

벨테브레이는 **박연**이라는 조선식 이름을 얻고 서양인 최초로 조선 사람이 되었어. 무과 시험에 급제해 무관이 되었고, 조선의 여인과 결혼해 두 아이를 낳고 살았어.

박연은 효종 때 제주도에 표류한 하멜 일행의 통역을 맡기도 했어. 하멜은 네덜란드인의 외모를 하고 조선 무관 옷을 입은 박연을 보고 깜짝 놀랐대! 하멜은 결국 조선을 떠났지만 박연은 끝까지 조선에 살다가 조선 땅에 묻혔어.

> 나는 박연처럼 조선에 살다가 간 네덜란드인이야. 네덜란드로 돌아가 〈난선제주도난파기〉와 〈조선국기〉라는 책을 썼어. 보통 〈하멜표류기〉라고 알고 있지.

홍길동이 아버지를 아버지라 부르지 못한 까닭은?

조선 시대 077

<홍길동전>을 들어 봤니? 허균이 쓴 최초의 한글 소설이야. 소설에는 주인공 홍길동이 아버지를 아버지라 부르지 못하고, 형을 형이라 부르지 못해 슬퍼하는 장면이 있어. 왜 아버지를 아버지라 부르지 못했을까?

조선이 엄격한 신분제 사회였기 때문이야. 조선 시대의 신분은 크게 양인과 천인으로 나뉘어 있어. 그리고 양인은 다시 양반과 중인, 상민으로 구분되었어.

우리는 글공부를 하고 과거 시험을 보아 벼슬을 할 수 있어. 높은 관리가 되어 나랏일을 돌보지.

양반

우리는 관리가 될 수 있지만, 양반처럼 높은 관직에 오를 수는 없어. 의술을 익힌 의관, 통역을 하는 역관처럼 전문직이나 기술직을 많이 맡았지.

중인

우리는 농업, 어업, 상업 등의 일을 하며 살아가는 일반 백성이야.

상인

대부분 관공서나 주인의 집에서 일하는 노비야. 최하층 신분으로 나라나 개인의 재산으로 여겨졌어.

천민

신분은 태어날 때부터 정해진 것으로 바꿀 수 없었어. 홍길동은 아버지는 양반이었지만, 어머니는 정식 혼인을 한 본부인이 아니라 첩이었어. 첩의 자식은 서얼이라 하여 보통 양반들과 달리 차별을 받았어. 그래서 홍길동은 아버지를 아버지라 부르지 못하고 대감님이라고 높여 불러야 했어.

아버지를 아버지라 부르지 못하고…

무려 472년 동안 쓴 책이 있다고?

조선 시대 책 중에는 무려 472년에 걸쳐 완성한 책이 있어. 도대체 어떤 내용을 담은 책이기에 그토록 오랜 세월에 걸쳐 만들어졌을까?

바로 조선 왕들의 이야기를 담은 <조선왕조실록>이야.

<조선왕조실록>은 조선을 세운 태조부터 25대 왕인 철종까지 각 왕별로 조선에 일어난 중요한 일들을 연, 월, 일 순서로 기록한 책이야. 태백산본 전체는 1,707권, 848책으로 이루어져 있어 쌓아 놓으면 무려 아파트 10층이 넘는 높이라고 해. <조선왕조실록>에는 조선의 정치, 경제, 사회, 문화 등 모든 것이 담겨 있어 우리에게 귀중한 역사적 자료가 되고 있단다.

<고종실록>과 <순종실록>은 일제강점기 때 일본의 간섭 아래 일본의 관점으로 쓰였기 때문에 잘못된 내용이 많아. 그래서 <조선왕조실록>을 이야기할 때는 주로 <철종실록>까지만 인정하고 있어.

<조선왕조실록>은 소실을 대비해 복사본을 만들어 여러 장소에 나누어 보관했어. 그래서 임진왜란 같은 전쟁과 여러 어려움 속에서도 오늘날까지 전해질 수 있었지.

<조선왕조실록>은 사관들이 쓴 사초, 행정적인 업무를 기록한 시정기, 왕의 비서기관인 승정원에서 기록한 승정원 일기, 의정부등록, 비변사등록, 일성록 등 많은 자료를 바탕으로 만들어졌어.

조선 시대 079 - 죽어서도 세금을 내야 했다고?

조선 시대 후기에는 부패한 관리들이 세금을 지나치게 많이 거두었어. 오죽하면 죽어 해골이 되어도 세금을 내야 한다는 말이 있을 정도였어. 정말로 죽은 사람에게도 세금을 거두었을까?

조선에 세금 제도는 크게 세 가지가 있었어.

하나는 토지에 매기는 세금인 **전정**이야. 토지대장에 올라 있는 대로 농사를 짓는 땅에 대해 세금을 거두는 거야. 하지만 욕심 많은 관리들은 버려진 땅이나 농사를 짓지 못하는 땅에도 세금을 거두었어.

다른 하나는 군대에 가는 대신 옷감으로 내는 세금인 **군포**야. 군포는 군대에 가야하는 성인 남성만 내는 세금이었어. 그런데 세금을 많이 걷으려는 부패한 관리들이 갓난아이는 물론이고 죽은 사람까지 명단에 올려 군포를 거두었어. 해골에도 세금을 매긴다는 뜻의 '백골징포', 갓난아기에게 세금을 매긴다는 뜻의 '황구징포'라는 말이 생겨났어.

환곡은 나라에서 어려운 시기에 백성에게 곡식을 빌려주고, 나중에 갚도록 하는 구제 정책이야. 그런데 원하지도 않는데 곡식을 억지로 꾸어 주고 이자를 비싸게 받아서 백성을 굶주리게 했지.

> 세 가지 세금 제도를 '삼정'이라고 해.

> 부패한 관리들 때문에 삼정이 문란해졌지.

> 굶주린 백성은 산으로 도망쳐 도적이 되기도 했어.

조선에는 가발 금지법이 있었다고?

조선 시대 080

가체는 여인들이 머리를 꾸미려고, 가발을 땋아 머리와 연결하거나 머리 위에 얹은 장식이야. 사극을 보면 양반댁 부인이나 궁중의 왕비나 후궁들이 가체를 얹고 있어. 그런데 영조 때는 가체 금지령이 내려졌대. 왜 그랬을까?

가체는 매우 비싸서 보통 사람들은 살 수 없었어. 하지만 인기가 높아서 누구나 갖고 싶어 했지. 가장 비싼 가체는 기와집 2~3채를 살 수 있을 정도의 가격이었다고 해. 결혼할 때 필수 혼수품으로 여겨져 가체를 사려고 재산을 몽땅 탕진한 경우도 있었어.

가체는 크기가 클수록 인기가 있었는데, 조선 성종 때는 높이가 30cm에 이르는 가체를 쓰기도 했어. 너무 크고 무거운 가체 때문에 어린 여성들이 목뼈가 부러져 죽는 사고도 일어났지.

이런 문제 때문에 영조는 가체를 금지하고 대신 족두리를 사용하라는 명령을 내렸어. 정조도 가체 금지법을 내렸지만 잘 지켜지지는 않았대.

첩지는 영조 때 가체를 금지하고 쪽머리, 화관, 족두리를 사용하게 하면서 유행했어. 주로 왕실 여인들이 사용했어.

족두리는 궁중에서는 평상적으로, 양반들은 예식이 있을 때, 평민들은 혼례 때 사용했어.

화관 가장 화려한 머리 장식으로 혼례 때 신부나 연회에서 춤을 추는 무녀들이 사용했어.

조선에서는 어떤 화폐를 썼을까?

조선의 왕들은 화폐 제도를 실행하려고 여러 종류의 화폐를 만들어 유통했어. 조선에는 어떤 화폐들이 있었을까?

조선 초기에는 고려의 화폐인 **소은병**과 **쇄은**을 그대로 사용했어. 은으로 만든 화폐는 가격이 높고, 가짜도 많아서 사용하기 불편했어.

조선 시대에 처음 만들어진 종이돈은 '**저화**'야. 태종 때 만들어졌는데, 저화 1장이면 쌀 두 말을 살 수 있었어. 하지만 사람들은 종이 화폐보다 옷감을 돈처럼 사용해 물건을 교환하는 걸 더 좋아했어.

세종 때는 **조선통보**라는 동전을 만들었는데, 이것도 널리 사용되지 못했어. 상업이 발달하지 않은 조선 초기에는 여전히 물물교환이 흔했어. 화폐가 별로 쓸모가 없었지.

세조는 철로 화살촉 모양의 화폐를 만들었어. 평소에는 돈으로 쓰다가 전쟁 때는 무기로 쓸 수 있게 말이야. 하지만 여전히 잘 쓰이지는 않았어.

조선의 화폐는 상업이 발달한 조선 후기에 들어서 본격적으로 사용되었어. 숙종 때 만들어진 상평통보는 조선 시대 화폐 중 가장 널리 사용되었어.

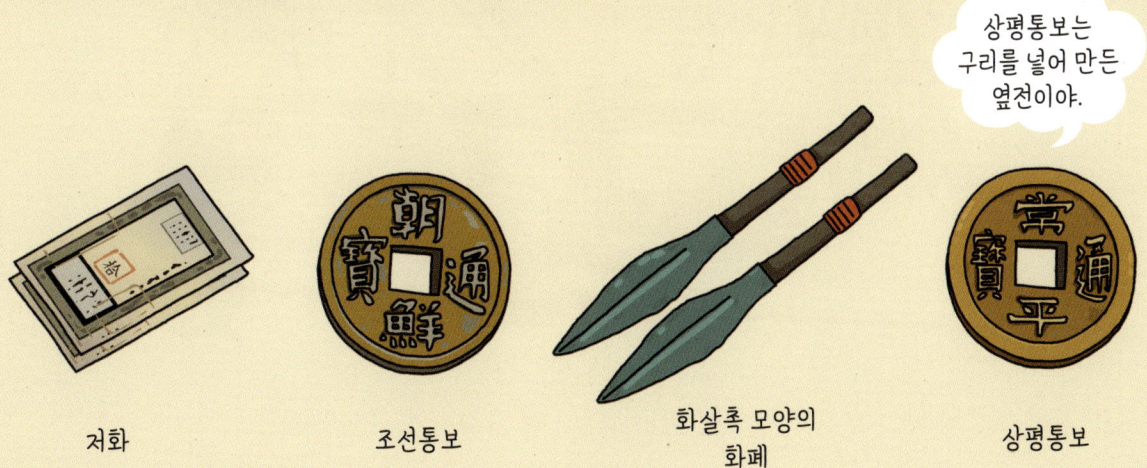

상평통보는 구리를 넣어 만든 엽전이야.

저화 / 조선통보 / 화살촉 모양의 화폐 / 상평통보

수원 화성을 2년 9개월 만에 완공한 비결은?

조선 시대 082

화성은 조선 22대 임금인 정조가 수원에 쌓은 성이야. 규모가 매우 커서 완공하는 데 10년은 걸릴 줄 알았어. 그런데 공사 감독을 맡은 정약용은 2년 9개월 만에 화성을 완공했어. 비결이 뭐였을까?

화성은 둘레가 5.7km나 되는 대규모 성이야. 커다란 돌로 성벽을 쌓고, 문을 통해 바깥으로 드나들게 하였어. 성안에는 왕이 머물 행궁과 관청, 상점 거리가 있고, 성밖에는 저수지와 농장을 지었어. 정조는 화성을 계획하며 새로운 정치를 하겠다는 꿈을 꾸었어. 그러니 얼마나 크고 근사하게 설계했겠니!

정약용은 화성을 잘 짓기 위해 서양의 책들까지 찾아 연구했어. 그 결과 공사에 도움이 되는 기계를 개발하여, 10년 이상 걸릴 줄 알았던 화성 공사를 2년 9개월 만에 마무리하였어.

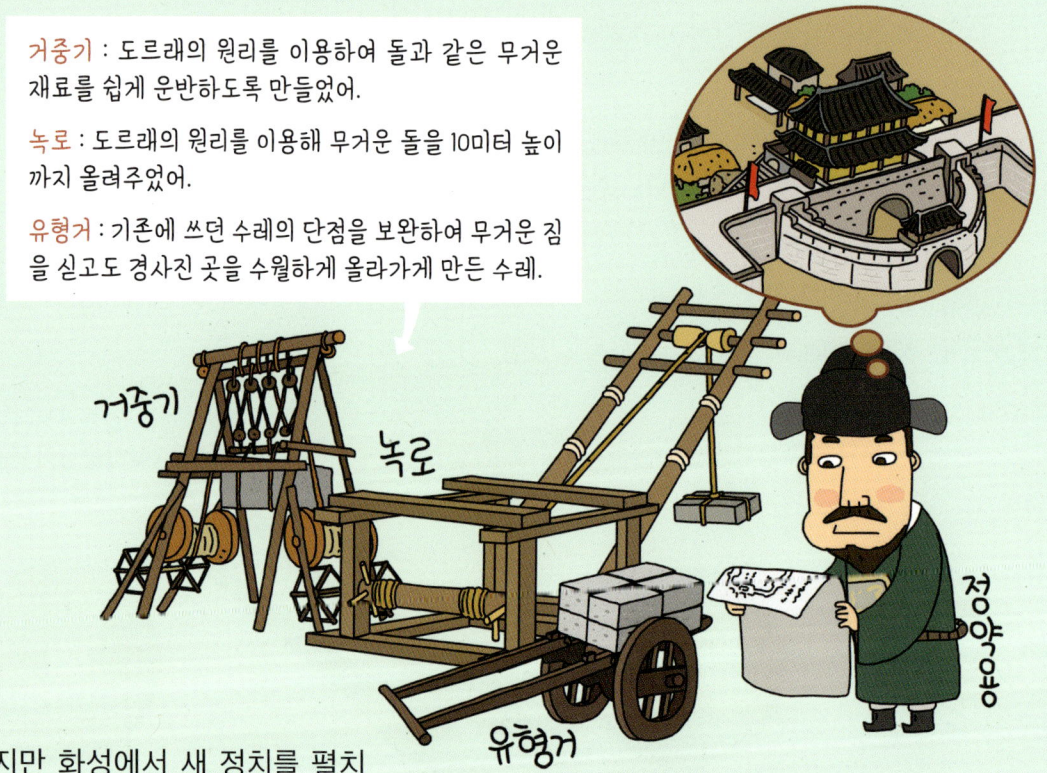

거중기 : 도르래의 원리를 이용하여 돌과 같은 무거운 재료를 쉽게 운반하도록 만들었어.

녹로 : 도르래의 원리를 이용해 무거운 돌을 10미터 높이까지 올려주었어.

유형거 : 기존에 쓰던 수레의 단점을 보완하여 무거운 짐을 싣고도 경사진 곳을 수월하게 올라가게 만든 수레.

하지만 화성에서 새 정치를 펼치려던 꿈은 이루지 못했어. 정조는 화성 완공 4년 만에 갑자기 죽고 말았거든.

조선 시대 083 — 조선의 의궤는 왜 프랑스에 있을까?

'의궤'란 조선의 중요한 국가 행사를 글과 그림으로 자세하게 기록한 책이야. 조선의 모습을 담은 매우 소중한 자료이지. 그런데 현재 의궤의 주인은 우리나라가 아니라 프랑스 국립 도서관이야. 무슨 일이 있었던 걸까?

1866년 프랑스 함대가 강화도로 쳐들어왔어.
프랑스군은 조선 군대에 패했지만, 달아나면서 강화도의 왕실 도서관인 외규장각에서 책 340권과 은을 훔쳤어. 이때 프랑스군이 가지고 간 책은 조선왕조 의궤 중에서도 오직 왕만 볼 수 있도록 정성스럽게 만들어 왕실 도서관에 보관해 둔 의궤였지.

조선의 의궤는 오랫동안 프랑스 국립 도서관 지하에 먼지 쌓인 채 방치되어 있었어. 1975년 박병선 박사가 의궤를 발견하였고, 그 뒤 우리 정부는 소중한 국가유산인 의궤를 돌려 달라고 프랑스에 공식적으로 요청했지만 돌려받지 못했어.

2011년 4월, 외규장각 의궤는 145년 만에 이 땅에 돌아왔어. 완전히 돌려 받은 것이 아니라, 빌리는 형식으로 가져온 거야.
여전히 의궤의 소유권은 프랑스 국립 도서관이 가지고 있어서 전시와 활용도 프랑스 도서관의 허락을 받아야 하고, 대한민국의 국보나 보물로 지정할 수도 없어. 참 안타까운 일이야.

<조선왕조실록>과 함께 조선 기록 문화의 꽃이라고 여겨지는 의궤는 조선 시대의 모습을 알려주는 소중한 문화유산이야. 유네스코 세계기록유산에 지정되었어.

조선 시대 084 | 고종이 태극기를 만든 이유는?

태극기는 1876년에 고종의 명령으로 처음 만들어졌어. 그전까지 500년 조선의 역사 속에서 태극기는 존재하지 않았던 거야. 갑자기 태극기를 만든 이유는 무엇일까?

고종 때 다른 나라의 배들이 조선의 앞바다를 침략하는 일들이 자주 일어났어. 1876년에는 일본 군함 운요호가 강화도 앞바다에 침입했다가 조선과 싸움을 벌였어. 일본은 이 사건으로 조선에 불리한 **강화도 조약**을 강요했어.

강화도 조약 체결 때 일본은 먼저 조선을 공격하고도 "운요호에 엄연히 일본 국기가 게양되어 있는데 왜 대포를 쏘았느냐."며 억지로 트집을 잡았어.

이후 국기의 중요성을 알게 된 조선에서는 국기를 만들자는 얘기가 나왔어. 그러던 1882년, 제물포에서 미국과 통상조약을 체결할 때, 조선의 국기가 필요하여 급하게 만들게 됐어. 그때 국기의 모양이 어땠는지는 자료가 남아 있지 않아.

몇 달 뒤 정치가 박영효는 일본에 외교관으로 나가게 되는데, 그때 고종의 명으로 태극사괘가 그려진 정식 국기를 만들어 사용했어. 하지만 당시 태극기의 모양을 정확하게 정해 두지 않아서 이후 만들어진 태극기와는 문양이 조금씩 달라.
1883년에 조선 정부는 태극기를 정식으로 국기로 채택, 공포했어. 그리고 대한민국이 수립된 후 1949년에 태극기의 모양을 정확하게 통일하였어.

고종황제가 미국인 외교고문 데니에게 하사한 태극기 : 현재 남아있는 태극기 중 가장 오래되었다.

대한민국 임시 의정권 태극기 : 상하이 대한민국 임시 의정원에 걸었던 태극기이다.

불원복 태극기 : 조선 말 전남 구례에서 활동한 의병장 고광순이 사용한 태극기이다.

김구 서명문 태극기 : 김구 주석이 벨기에 신부에게 준 태극기이다.

한국 최초의 야구단은?

다들 야구 좋아해? 오늘날 매우 인기 있는 야구는 서양의 스포츠야. 조선 후기에 우리나라에 들어왔지. 그럼 우리나라 최초의 야구단은 언제 만들어졌을까?

조선 후기에는 서양 학문과 함께 천주교, 기독교와 같은 서양 종교도 들어오기 시작했어. 이후로 조선에 온 미국인 선교사들은 교육, 의료 사업 등과 함께 선교 활동을 펼쳤어. 그리고 선교 활동과 함께 야구, 배구, 농구, 축구 등의 서양 스포츠도 한국에 소개하기 시작했어.

1903년 전직 야구선수 출신인 미국인 선교사 필립 질레트는 조선 청년들이 미국인들이 야구하는 모습을 신기하게 구경하는 모습을 보았어. 질레트는 미국에서 장비를 가져와 청년들에게 야구를 가르쳤고, 1년 뒤 우리나라 최초의 야구단인 황성 YMCA를 창단했단다.

이후 황성 YMCA 야구단은 덕어(독일어학교)와 첫 경기를 치르고, 나중에는 일본 원정 경기에서 일본팀과 맞붙기도 했어. 하지만 필립 질레트가 일제 식민 통치에 맞서다 1913년에 추방되면서 야구단도 해체되고 말았어.

조선 시대 086
고종이 곤룡포에서 양복으로 갈아입은 이유는?

고종의 사진을 찾아보면 곤룡포를 입은 사진도 있고, 서양식 양복을 입은 사진도 있어. 고종의 옷차림이 바뀐 이유는 무엇일까?

1897년, 조선은 나라 이름을 **대한제국**으로 바꾸었어. 조선의 제26대 왕이었던 고종은 대한제국 제1대 황제가 되었지. 고종은 황제라는 호칭에 맞게 서양식 군복의 디자인을 이용한 예복을 입고, 머리도 짧게 잘랐어.

고종은 왜 조선을 대한제국으로 바꾸었을까?
고종 때 일본은 호시탐탐 조선을 지배하려고 기회를 노렸어. 러시아를 비롯한 서양 강대국들이 이를 반대하자, 고종의 왕비인 명성황후는 러시아의 힘을 빌려 일본을 몰아내려고 했어. 그러자 일본은 경복궁에 군인과 깡패들을 보내 명성황후를 시해하는 끔찍한 사건을 저질렀어.
명성황후 시해 사건 이후 고종은 러시아공사관으로 피신했어. 약 1년 후 고종은 경복궁이 아닌 덕수궁으로 돌아와 조선을 대한제국으로 선포했어. 조선이 다른 제국과 동등한 지위의 자주독립 국가임을 알리기 위해 나라 이름을 바꾼 거야.
고종은 개혁을 통해 근대화를 이루려 했지만, 안타깝게도 1910년에 일제에 강제로 주권을 빼앗기며 고종 황제의 꿈도 무너지고 말았어.

3·1 운동은 왜 3월 1일에 일어났을까?

1919년 3월 1일 우리나라 곳곳에서 "대한 독립 만세"를 외치는 만세운동이 일어났어. 학생들과 종교 지도자들은 오래전부터 전국적인 독립운동을 계획하다가 3월 1일을 거사 날짜로 정했지. 왜 하필 3월 1일이었을까?

1919년 1월에 고종이 갑자기 세상을 떠났어. 우리나라에서는 일본이 고종을 독살했다는 소문이 돌았어. 일본에 대한 사람들의 반감은 더욱 커져갔지.

고종의 장례식이 3월 3일로 결정되자 독립운동을 계획하던 사람들은 좋은 기회라고 생각했어. 고종의 죽음에 분노하고 슬퍼하는 많은 사람들이 장례식에 참석하기 위해 서울로 모여들 테니 말이야. 그렇게 해서 3월 1일에 대대적인 독립운동을 펼치기로 계획한 거야.

서울에서 시작된 **3·1 운동**은 전국으로 퍼져 나갔어. 처음에는 학생들이 주도했지만 직업과 나이, 신분과 상관없이 우리나라의 독립을 바라는 사람들이라면 누구나 만세를 불렀어.

대한민국의 생일은 언제일까?

1945년 해방 이후 1948년 8월 15일에 대한민국 정부가 수립되었어. 그럼 대한민국의 생일은 1948년 8월 15일일까? 사실 대한민국이라는 이름은 더 일찍 세상에 나왔어. 대한민국의 진짜 생일은 언제일까?

대한민국의 생일은 중국 상하이에 대한민국 임시 정부가 세워진 1919년 4월 11일이야.

전 국민이 참여한 3·1 운동은 일제의 무자비한 탄압으로 진압되었어.
독립운동 지도자들은 독립을 이루려면 조직적이고 체계적인 정부가 필요하다고 느꼈어. 여러 단체에서 임시 정부를 세웠는데, 결국 중국 상하이에 세워진 임시 정부를 중심으로 힘을 모으게 되었어.

임시 정부는 해방을 기다리며 1945년까지 27년간 중국 땅에서 활동했어. 독립운동의 상황을 국내외에 알리고 국제 연맹과 세계 여러 나라에 조선의 독립을 지지해 달라며 외교 활동을 펼쳤어.

해방 후 세워진 대한민국 정부는 헌법 전문을 통해 대한민국이 3·1 운동으로 건립된 대한민국 임시 정부의 뜻을 이어가고 있다고 밝혔어.

대한민국 헌법
전문 : 유구한 역사와 전통에 빛나는 우리 대한국민은 3·1운동으로 건립된 대한민국임시정부의 법통과 불의에 항거한 4·19민주이념을 계승하고, … (중략) … 1948년 7월 12일에 제정되고 8차에 걸쳐 개정된 헌법을 이제 국회의 의결을 거쳐 국민투표에 의하여 개정한다.

대한민국 임시 정부가 1948년 7월에 제정한 헌법을 대한민국이 처음 제정한 헌법으로 인정하고 있어.

1948년 대한민국 정부 수립 이후 처음 발행된 관보에도 '대한민국 30'년으로 적혀 있어.

의사와 열사는 무엇이 다를까?

일제강점기 동안 우리 민족의 독립 의지는 꺾이지 않았어. 수많은 사람이 다양한 방식으로 독립운동을 했고, 목숨을 잃은 분들도 많아. 그런데 독립운동가 중 왜 어떤 분은 의사, 어떤 분은 열사라고 부를까?

사전을 찾아보면 의사와 열사의 뜻은 크게 다르지 않아. 둘 다 나라와 민족을 위해 제 몸을 바쳐서 싸운 사람이야. 하지만 독립운동가들을 의사와 열사로 나누어 부를 때는, 독립운동의 뜻을 기리기 위해 어떤 모습으로 싸웠는지에 따라 구분해.

이토 히로부미를 저격한 안중근 의사

'**의사**'는 성공과 실패에 상관없이 무력으로써 일제에 맞서다 의롭게 죽은 분들이야.

'**열사**'는 맨몸으로 저항하다가 목숨을 잃은 분들이야. 강력한 항의의 뜻으로 스스로 자결한 분들도 열사라고 해.

일왕에 폭탄을 던진 윤봉길 의사

지사는 의사, 열사와 달리 목숨을 잃지 않고 살아계신 분들에게 쓸 수 있어.

무엇보다 우리가 꼭 기억해야 할 것은 이름도 없이 독립을 위해 애쓰고 목숨을 바친 분들이 매우 많았다는 사실이야.

3·1운동을 이끈 유관순 열사

어린이날은 누가 만들었을까?

어린이날은 어떤 날일까? 학교 안 가고 선물 받는 날이라고? 어린이날만큼은 하고 싶은 것을 다 해도 된다고? 맞아. 어린이날은 어린이들을 위한 날이지! 이렇게 좋은 날을 누가 만들었을까?

옛날에는 아이를 어른보다 부족한 사람으로 여겼어. 한 명의 사람으로 존중하지 않았어. 특히 일제강점기에는 제대로 교육받기는커녕 공장에 나가서 고된 노동을 하는 아이들도 많았지.
아동 문학가였던 **방정환**은 이런 현실을 바꾸고 싶었어. 아이들을 하나의 인격으로 보길 바라며 '어린이'라는 말을 만들어 쓰기 시작했어.

방정환은 <어린이>라는 잡지를 창간하고, 색동회를 만들어 어린이 문화운동과 인권운동을 펼쳐 나갔어. 1922년에는 처음으로 '어린이날'을 만들었어. 식민지라는 암울한 상황 속에서도 어린이들이 밝고 건강하게 존중받으며 자라길 바랐던 거야.
어린이날은 처음엔 5월 1일이었다가 광복 후에 5월 5일로 바뀌었어.

올림픽 금메달을 따고도 슬퍼한 운동선수는?

대한민국 091

올림픽에서 금메달을 따면 얼마나 좋을까? 너무 기뻐서 막 소리를 지르겠지! 그런데 한국인 최초로 올림픽의 금메달리스트가 된 사람은 무척 슬퍼했어. 왜 그렇게 슬퍼했을까?

우리나라 최초로 올림픽에서 금메달을 딴 사람은 손기정 선수야.

1936년 베를린 올림픽 마라톤 종목에서 금메달을 땄어. 남승룡 선수는 동메달을 땄지. 하지만 우리나라의 메달 기록에 손기정과 남승룡 선수의 이름은 없어. 당시는 일제강점기로 손기정과 남승룡은 가슴에 일장기를 달고 일본 선수단으로 경기에 참여했기 때문이야. 나라를 잃은 민족의 슬픈 현실이었지.

시상식 때 손기정과 남승룡은 일장기를 단 채 경기장에 일본의 국가가 울려 퍼지는 걸 들었어. 무척 기뻐야 할 순간에 엄청난 슬픔과 설움을 느꼈단다.

이처럼 일제강점기 35년 동안 우리 민족은 나라를 잃은 슬픔을 뼈저리게 느꼈어. 일제는 이름을 일본 이름으로 바꾸게 했고, 우리 말과 글도 쓰지 못하게 했어. 학생들은 학교에서 일본에 충성하는 맹세를 외워야 했고, 사람들을 전쟁터와 일터로 강제로 끌고 갔어. 일일이 말할 수도 없을 만큼 수많은 일제의 탄압을 견디며 긴 세월을 견뎌야 했단다.

나중에 〈조선중앙일보〉와 〈동아일보〉가 이 소식을 기사로 쓸 때 손기정 사진에서 가슴에 있던 일장기를 지워버렸어. 이 사실을 안 일제는 관련된 사람을 경찰서에 가두고, 신문을 펴내지 못하게 했어.

독도의 날은 왜 생겼을까?

10월 25일은 공휴일도 아니고, 국가기념일도 아니야. 하지만 이날은 우리가 꼭 기억해야 할 중요한 날이야. 바로 독도의 날이거든. 독도의 날은 왜 만들었을까?

2000년 민간 단체인 독도수호대는 10월 25일을 독도의 날로 지정했어. 대한제국 칙령 제41호에 독도를 울릉도의 부속 섬으로 명시한 것을 기념하고, 독도가 대한민국의 영토임을 널리 알리기 위해서야. 당연히 우리 땅인 독도를 새삼스럽게 우리 땅이라고 알리는 이유는 일본이 독도를 자기 것이라고 우기기 때문이야.

독도는 삼국 시대에 신라가 우산국을 지배한 이후로 계속 우리의 영토였고 <세종실록지리지>에도 우리 땅이라고 기록되어 있어. 하지만 일본은 호시탐탐 독도를 노렸어. 조선 숙종 때에도 일본 어선이 계속 넘어오자, 안용복은 이들을 쫓아내고 일본 정부로부터 독도가 조선 영토라는 것을 확인받았어.

> 1953년 '독도 의용 수비대' 결성 → 1954년 독도 경비대가 주둔 → 2000년 독도의 날 지정 → 2005년 국가기념일 제정을 위한 서명운동 → 2008년 '독도의 날 제정을 위한 법안' 국회에 제출 → 2010년 한국교총, 16개 시·도 교총, 우리역사교육연구회, 한국청소년연맹, 독도학회 공동 주최로 전국 단위의 독도의 날을 선포 → 2005년 경상북도 의회 매년 10월을 독도의 달로 지정

1900년 10월 25일에 대한제국은 '칙령 제41호'를 내려 독도가 울릉도에 속한 우리 땅이라고 선포했어. 일본인들이 울릉도와 독도에 허락 없이 들어와 나무를 베어 가고 문제를 계속 일으켰기 때문이야.

1905년 러일 전쟁 때는 러시아와의 전쟁을 핑계로 독도를 침범했어. 1945년 해방과 함께 독도는 다시 우리 영토가 되었지만, 일본은 여전히 자기네 땅이라고 우기고 있어. 이것은 과거 식민지의 영토권을 주장하는 것으로 한국의 독립과 해방을 부정하는 것과 다름없어.

신찬 조선국전도

일본이 만든 지도인데 독도와 울릉도를 한반도와 같은 색인 노란색으로 그려 조선의 땅으로 표시하고 있어.

옛날 어린이들은 초등학교에 다니지 않았다고?

옛날 어린이들은 초등학교에 다니지 않았어. 이게 무슨 말이냐고? 예전에는 어린이가 다니는 학교를 초등학교가 아닌 다른 이름으로 불렀거든!

근대 교육이 시작된 조선 시대 말에는 오늘날의 초등학교와 같은 기관을 '소학교'라고 했어.

일제강점기에 일본은 어린이들이 다니는 소학교의 이름을 '국민학교'로 바꾸었어. 국민학교는 황국신민을 기르는 학교라는 뜻이야. 어린이들을 일제와 천황에 충성하는 사람으로 키우겠다는 일제의 교육 목표가 드러나는 이름이었지.

국민학교라는 이름은 우리나라가 일제로부터 독립한 이후에도 그대로 사용되었어. 그 후 교육과학기술부가 '일제의 잔재를 깨끗이 청산하고 민족정기를 바로 세우기 위해 국민학교의 이름을 변경한다'라고 발표하고, 1996년 초등학교로 이름을 바꾸었어.

해방되고도 50년 가까이 지났지만 일제의 흔적은 모두 청산되지 못하고 우리 사회와 문화의 곳곳에 남아 있었던 거야.

튀르키예를 왜 형제의 나라라고 할까?

대한민국 094

튀르키예와 한국은 서로 형제의 나라라고 불러. 아시아의 서쪽 끝과 동쪽 끝에 자리한 두 나라는 어떻게 형제처럼 가까운 나라가 되었을까?

튀르키예와 한국의 인연은 한국 전쟁에서 시작되었어.
해방 이후 한반도에는 38도선을 중심으로 북쪽에는 소련 군대가, 남쪽에는 미국 군대가 들어왔어. 남과 북은 통일된 나라를 세우지 못하고, 1948년 각각 다른 정부를 세웠어.
그런데 1950년, 북한이 갑자기 남한을 공격하면서 한국 전쟁이 시작되었어. 약 3년간 지속된 전쟁으로 수많은 민간인과 군인들이 희생되었어.

튀르키예는 2만여 명이 넘는 군인을 한국에 보냈고, 수많은 군인이 전사했어. 전쟁 후에도 튀르키예는 한국에 군인을 보내 UN군 임무를 수행했어. 비록 희생이 컸지만, 튀르키예는 한국의 자유를 위해 함께 싸운 것을 자랑스럽게 여겼고 두 나라는 피를 나눈 형제와 같은 사이가 된 거야.
한국도 1999년 튀르키예에 대지진이 일어났을 때 민간인들이 모금 운동을 펼쳐 튀르키예를 도왔어. 그리고 2002년 월드컵 때는 한국과 터키의 3,4위전에서 경기장에 대형 터키 국기를 펼쳐 '형제의 나라'를 응원했지. 그 후로 두 나라는 서로를 더욱 응원하고 아끼게 되었어.

터키의 수도 앙카라에는 한국 공원이 있어. 한국전쟁 때 목숨을 잃은 터키 군인들을 기리는 곳이야.

서울 여의도에는 앙카라 공원이 있어. 1971년 서울시와 앙카라시가 자매결연을 맺은 것을 기념해 만든 공원이야.

초등학생들이 4·19혁명에 참여한 까닭은?

대한민국 095

4·19혁명은 이승만의 독재 정치에 맞서 우리 국민들이 일으킨 민주주의 혁명이야. 학생들이 중심이 되고, 시민들 모두가 함께 했지. 그런데 4·19혁명에 초등학생들까지 참여했어. 어린 초등학생들은 왜 민주주의를 부르짖으며 거리로 나왔을까?

우리나라의 첫 번째 대통령인 이승만은 12년 동안 대통령직에 있었어. 정치를 매우 잘해서 그랬냐고? 그 반대야. 이승만 정부의 부정부패로 국민들의 삶은 점점 더 어려워졌어.
그런데도 이승만은 대통령을 계속하려고 헌법을 바꾸고, 부정 선거를 저질렀어. 투표함을 바꿔치기하고, 득표수를 조작하고, 심지어 대리 투표를 했어. 그 결과 3월 15일 이승만 정부는 또다시 대통령에 당선되었어.

학생들과 시민들이 부정 선거에 분노하며, 대규모 시위를 벌였어. 그러던 중 마산에서 벌어진 시위에 참여했다가 실종된 김주열 학생이 마산 앞바다에서 죽은 채로 발견되었어. 정부가 시위를 폭력으로 진압하는 과정에서 죽은 것이 분명했어.
4월 19일, 김주열 학생의 소식을 들은 국민들은 전국에서 시위를 벌였어. 학생들은 물론 대학교수와 시민들, 심지어 초등학생들까지 시위에 참여했어. 그 결과 이승만 대통령은 결국 대통령직에서 물러나게 되었어.

엄마, 아빠는 토요일에도 학교에 갔다고?

불과 20년 전만 해도 학생은 토요일에도 학교에 갔어. 회사원도 마찬가지로 토요일까지 일해야 했지. 정말 힘들었겠지? 우리 국민이 주말에 쉴 수 있게 된 것은 언제부터일까?

우리나라는 한국 전쟁으로 순식간에 폐허가 되었지만, 온 국민이 열심히 노력한 덕분에 급격한 경제 성장을 이루었어. 사람들은 이런 발전을 **'한강의 기적'**이라고 불렀어.
급작스레 경제가 성장한 만큼 많은 희생도 뒤따랐어. 많은 노동자는 힘든 환경 속에서 적은 임금을 받고, 긴 시간 동안 쉬지도 못하고 일해야 했지.
1960년대에는 하루에 14시간에서 16시간을 일했고, 한 달에 겨우 2일 정도 쉬었어. 이보다 더 오래 일하는 노동자들도 많았어.

전태일은 가혹한 노동 현실을 바꾸기 위해 노력했어. 대통령에게 노동 환경을 개선해 달라는 편지를 쓰기도 했지. 그래도 나아지지 않자 전태일은 "노동자는 기계가 아니다."라고 외치며 자기 몸을 불살랐어. 전태일의 죽음을 계기로 노동자들은 노동조합을 만들고 노동자들의 권리를 지키기 위해 노동 운동을 벌였어. 하지만 노동자들이 쉴 수 있는 권리를 갖기까지는 많은 시간이 걸렸어.

2004년부터 토요일, 일요일을 쉬는 주5일제 근무가 큰 사업장부터 처음 시작되었고, 2011년부터 대부분의 사업장에서 시행되었지. 2007년부터는 학생들도 토요일에는 학교에 가지 않게 됐단다.

오늘날에는 노동자들을 보호하기 위해 1일 8시간, 1주일에는 40시간 이상 일하지 않도록 법정 근로 시간을 정해 놓았어.

경찰은 왜 가위와 줄자를 들고 거리를 돌아다녔을까?

1970년대의 경찰은 가위와 줄자를 가지고 거리를 돌아다녔어. 줄자로 여성들의 치마가 너무 짧지 않은지 길이를 재고, 남자들이 긴 머리를 하면 싹둑 가위로 잘랐지. 지금이라면 인권을 침해하는 엄청난 일이 어떻게 일어났을까?

박정희는 1963년 군사 쿠테타를 일으켜 대통령이 된 이후 18년 동안 독재 정치를 하였어. 독재 정권은 개인의 개성을 조금도 인정하지 않았어. 그 무렵 미국의 히피 문화와 팝 음악이 우리나라에 들어오면서 미니스커트와 긴 머리는 자유의 상징으로 여겨졌어. 젊은이들 사이에서 크게 유행했지.

정부는 이런 문화가 퇴폐적인 풍조라며 단속을 시작했어. 짧은 치마를 입거나 긴 머리를 한 남성은 경범죄를 저지른 것이라며 금지시켰어. 이 밖에도 밤에는 돌아다닐 수 없게 하는 통행금지, 영화나 음악에 대한 검열 등 다양한 방법으로 국민을 통제했어.

뒤이어 대통령이 된 전두환 대통령은 독재 정권을 유지하기 위해 반대의 정책을 펼쳤어. 정치를 제외한 모든 분야의 검열을 줄인 거야. 야간 통행금지를 없애고, 장발과 미니스커트 단속도 중지했지. 대신에 프로 야구를 도입하고, 88올림픽을 개최했어. 왜 그랬냐고? 국민들이 재미있는 영화나 스포츠 등에 빠져 정치에는 관심을 두지 않게 만들었던 거야.

500마리의 소 떼가 북한으로 간 까닭은?

1998년 500마리의 소 떼가 판문점을 지나 북한으로 올라갔어. 소 떼가 군사분계선을 넘는 모습을 우리 국민은 물론 전 세계가 신기하게 지켜보았어. 소들은 어쩌다 북한으로 가게 되었을까?

판문점은 휴전선이 있는 비무장 지대 안에 있어. 1953년 휴전 협정이 체결된 곳으로 남북의 분단을 상징하는 곳이야. 공동경비구역에는 남한과 북한의 군인이 선 하나를 사이에 두고 마주 서 있어.

휴전 이후 남한과 북한은 소통과 화해를 위해 노력했지만 남북 관계는 쉽게 풀리지 않았어. 그런데 현대그룹을 만든 고 정주영 명예 회장이 1998년에 소 떼를 끌고 북한을 방문했어.
정주영 회장은 고향이 북한인데, 어릴 적에 소 판 돈을 들고 고향을 떠났었어. 이번에는 소 떼를 끌고 자기 고향을 방문하며 남북 화해의 발판을 마련하려고 한 거야.
그의 바람대로 북한과 합의를 이루어 금강산 관광이 시작되고, 경제 교류의 길도 열렸어. 판문점은 평화를 위한 장소로 새롭게 태어났어.

2018년에는 문재인 대통령과 김정은 국무위원장이 판문점에서 4·27 판문점 선언을 발표했어. 판문점 선언은 핵 없는 한반도 실현, 연내 종전 선언, 남북공동연락사무소 개성 설치, 이산가족 상봉 등의 의지를 밝힌 남북정상회담 합의문이야.

우리나라에도 노벨상 수상자가 있을까?

노벨상은 다이너마이트를 발명한 알프레드 노벨의 유언에 따라 인류의 복지에 공헌한 사람이나 단체에 주는 상이야. 문학, 화학, 평화, 경제학 등 6개 분야로 나누어 수상해. 우리나라에도 노벨상을 받은 사람이 딱 한 명 있다는데, 누굴까?

2000년에 김대중 대통령이 한국인 최초로 노벨평화상을 수상했어. 2023년 현재까지, 우리나라에서 노벨상을 받은 사람은 김대중 전 대통령이 유일해.
노벨위원회에서는 '한국과 동아시아의 민주주의와 인권, 평화를 위한 노력과 북한과의 화해와 평화에 기여'한 공을 수상 이유로 밝혔어.

김대중 전 대통령은 북한에 대해 '햇볕 정책'을 시행했어. 따듯한 햇볕처럼 북한과 협력하고 평화를 이루려는 정책이었지. 그 결과 2000년 6월 15일 분단 이후 처음으로 남북정상회담을 하게 되었어. 평양에서 만나 평화통일을 위해 함께 노력하겠다는 6·15 남북 공동 선언을 발표했어. 그리고 그해 12월 10일, 노벨평화상을 수상했어.

민주주의와 인권, 그리고 민족의 통일을 위해 희생한 수많은 동지와 국민들께 영광을 바칩니다.

2000년은 노벨 평화상 제정 100주년으로 수상 경쟁이 치열했어. 35개 단체 115명의 후보 중에 수상의 영광을 누렸어.

대한민국의 광장을 보고 전 세계가 놀란 이유는?

2002년 시청 앞과 광화문 광장, 그리고 시내 곳곳의 광장을 붉은 물결이 가득 메웠어. 이를 목격한 전 세계 사람들은 깜짝 놀랐다고 해. 도대체 무슨 일이었을까?

광장을 메운 붉은 물결은 바로 2002년 월드컵을 응원하는 대한민국 국민들이었어. 우리 국민들은 월드컵 축구의 13번째 선수가 되어 붉은 티셔츠를 입고 거리와 광장으로 나와 월드컵이라는 축제를 즐겼어.

붉은 악마의 거리 응원을 본 전 세계의 사람들은 한국인들의 열정적인 응원, 수많은 인파에도 질서를 지키는 성숙한 시민 의식, 그리고 발전한 대한민국의 모습을 보며 놀라워했어. 한국 전쟁과 분단으로 기억되었던 대한민국의 인상이 크게 바뀌는 계기가 되었지.

2016년, 전 세계 사람들은 광화문 광장에 모인 한국인들을 보고 한 번 더 놀랐어. 시민들의 손에는 노란 촛불이 들려 있었어. 대통령의 역할을 제대로 해내지 못하고 국정 농단 사건을 일으킨 박근혜 대통령의 탄핵을 외치는 집회였지. 10월에 시작된 촛불 집회는 점점 규모가 커지며 평화로운 방식으로 대통령을 파면하고, 새 정부를 출범시켰어. 전 세계 민주주의의 역사에 남을 만한 놀라운 일이었지.
이 촛불 집회에 참석했던 1천700만 명의 시민 모두는 2017년에 독일의 권위 있는 인권상인 '에버트 인권상'을 받았어.

어린이가 진짜로 궁금했던 한국사 이야기

초등학생
한국사 궁금증
100